大师讲堂

古书今读法

胡怀琛 著

应急管理出版社

·北京·

图书在版编目（CIP）数据

古书今读法 / 胡怀琛著. -- 北京 ：应急管理出版
社，2024. --（大师讲堂）. -- ISBN 978-7-5237-0677
-0

Ⅰ . G792

中国国家版本馆 CIP 数据核字第 2024EW4158 号

古书今读法（大师讲堂）

著　　者	胡怀琛
责任编辑	陈棣芳
封面设计	朱文浩

出版发行　应急管理出版社（北京市朝阳区芍药居 35 号　100029）

电　　话　010 - 84657898（总编室）　010 - 84657880（读者服务部）

网　　址　www.cciph.com.cn

印　　刷　三河市元兴印务有限公司

经　　销　全国新华书店

开　　本　880mm×1230mm$^1/_{32}$　印张　6$^1/_4$　字数　117 千字

版　　次　2025 年 1 月第 1 版　2025 年 1 月第 1 次印刷

社内编号　20240663　　　　　　定价　69.80 元

总序：
新时代的思想延续与学术重光

　　"大师讲堂"系列不仅是对民国时期辉煌学术成就的致敬，更是一座跨越时空、联结古今的桥梁。该系列在第一阶段成功推出了 99 部大师著作，为读者打开了一扇通向学术宝藏的大门，展示了民国大师们卓越的学术造诣和文化思考。这些著作涵盖了多个领域，成为文化遗产的重要组成部分，也为现代学术研究奠定了坚实基础。

　　进入第二阶段，本系列再度聚焦大师们的经典作品，涵盖建筑、文学、教育、史学等领域，延续并创新了他们的思想火花。这些著作不仅继续深耕传统文化的学术沃土，也在新时代的文化语境中，重新激发了中西思想的碰撞与交融。通过这些作品，我们不仅可以感受到民国大师们的思想脉动，还能从中挖掘出适用于现代社会的智慧与启示。

　　文化的传承与创新是这个系列的核心理念。民国时期的大师们处于内外挑战交织的动荡时代，但他们凭借深厚的学术功底和前瞻的思维，开创了属于他们的学术高峰。今天，我们将这些学术瑰宝重新整理和出版，不仅是为了保存文化遗产，更是为了让这些珍贵的思想资源在新时代焕发出新的光彩，推动学术的延续与创新。本系列的作品无论从学术深度还是文化广度，都体现了大师们在各自领域中的卓越贡献。他们的思想穿越时间的长河，依然能够启发现代学者和读者。无论是学术研究，还是文化素养的提升，这些著作都将在当代文化市场中占据不可替代的位置。它们不仅是学者的重要研究工具，更是广大读者探求文化智慧的窗口。

新时代呼唤思想的光芒，我们相信，"大师讲堂"系列的再度面世，将为当代文化复兴注入新的活力。通过这些伟大的著作，现代人能够从中汲取精神力量，启发创新思维，推动文化与学术的长足发展。

目录
CONTENTS

古书今读法

外一种：中国八大诗人

古书今读法

第一章　何谓古书

何谓古书？也许有人说："可以不必要说明，只要认识古书两字的人，都知道古书就是古代的书籍，更用不着咬文嚼字的解释。"

但是，严密的说，却又不然。不错，所谓"古"就是"古代"，但是何谓"古代"？从什么时候起，到什么时候止，算是"古代"？这个问题却不容易回答了。倘然说：凡是已经过的时间都算是古代，那么，在今日说昨日，昨日已在古代的界线以内，而一到明日，今日又变成古代了。如此说来，当我今日（民国二十年一月一日）开始在写这本书的时候，我并不承认这时是古代；但是经过排印，装订，发售，等到送在读者的眼前时，那又变成古代了。话虽如此说，但是在事实上讲，这种话一定是说不通的。

　　"古书"，解作"古代的书籍"，难道还不明白么？但是，在事实上说，那是古书，那不是古书？实在不容易分别。记得在民国十九年时候，教育部有一个命令，禁止书贾贩卖中国的古书出洋，因此就叫海关检查员发生困难问题，因为他们的能力认不清那是古书，那非古书。闻说后来所定的标准，是以木板印刷线订的认为是古书，其他不是古书。

　　但是单在保存古物的范围以内说话，这个标准是适用的；若就一般读书界说，这标准全不适用。

　　譬如《易经》《诗经》，不能说不是古书，《老子》《论语》也不能说不是古书。然今日书店里铅字印的洋装布面的《易经》《诗经》也许是有的，加了新式标点符号的《老子》《论语》也不是没有。这还当他是古书呢？还是当他是新书？

　　若以作者为标准，作者是现在生存的人，他的书就认为非古书；作者不存在了，他的书就认为是古书。这个标准对么？一点也不对。譬如郑苏戡是现在生存的人，然而他的《海藏楼诗集》只能当古书看。梁任公已经不存在了，然而他的著作却不一定是古书。所以说：这个标准一点也不对。

　　总之，"古"字没有确切的定义，因此，"古书"也没确切的定义。所以我在这里实在不能确切的说出"何谓古书"。然又不能不大约指定一个范围，倘然不指定一个范围，那就海阔天空，无边无际，下文怎样好说话呢？

我所假定的范围如下：

中国旧有的人情、风俗、哲学思潮、文学思潮等，完全没有受过西洋影响的，我们认为是中国古代的人情、风俗等等；凡记载或说明这种种的书籍，我们认为是古书。不管他是木刻的，石印的，线装的，洋装的，我们通认为是古书。

不过，所谓受西洋影响，是指各别的事实而言，不是就时间而言。若是就时间而言，在明代已有大批的西洋学术流传到中国了。如此，便能把明代划在古代的范围以外么？所以只能就各别的事实说，不能以时代为断。

古书是记载或说明已经过去的事，我们生在现代的人，何必要读古代的书？这是一个疑问。叫作"何以要读古书"？待我在下一章再答复这个问题。

第二章　何以要读古书

何以要读古书？这个问题，也许有人说：根本不成问题。因为学问是活的，是现代的；古书是死的，是过去的。求现代的活的学问，而去读已过去的死的书，有什么用？所以已经有人说过："中国的旧书，好像是牛屎，牛屎中决找不出香水来。"既然是牛屎中找不出香水来，我们何苦还要费了许多工夫，拨来拨去的找呢？不过，这句话根本有毛病。他说"牛屎中找不出香水来"，是真的。但必须先证明了中国的旧书确是牛屎，才可以说。今说这话的人没有充分的证据，安知中国的旧书不是牛屎。所以这句话根本有毛病。

但是，古书是死的，这句话不等到今人说，古人也已说过了。我且引老子的事为证。

孔子适周，将问礼于老子。老子曰："子所言者，其人与骨皆已朽矣，独其言在耳！且君子得其时，则驾；不得其时，则蓬累而行。"（《史记·老庄申韩列传》）

老子说："子所言者，其人与骨皆已朽矣，独其言在耳！"他的大意是说："你读古人的书，古人的本身已经死了；读死人的陈言，有什么用处？"《淮南子·道应训》篇更有一个有趣的故事，可以拿来阐明此意。他说：

桓公读书于堂，轮扁斲轮于堂下。释其椎凿而问桓公曰："君之所读者何书也？"桓公曰："圣人之书。"轮扁曰："其人焉在？"桓公曰："已死矣。"轮扁曰："是直圣人之糟粕耳！"桓公勃然变色而怒曰："寡人读书，工人安得而讥之哉？有说则可，无说则死。"轮扁曰："然，有说。臣试以臣之斲轮语之。大疾则苦而不入，大徐则甘而不固。不甘不苦，应于手，厌于心，而可以至妙者，臣不能以教臣之子，而臣之子亦不能得之于臣。是以行年七十，老而为轮。今圣人之所言者，亦以怀其宝，穷而死，独其糟粕在耳！"

他的大意是说：我们所读的书，都是古人的糟粕，正和老子的话相同。他们虽然承认圣人的话在圣人的时代，在圣人本人是宝贝；但是后人读圣人的书，是毫没有用的。就是我在前面所说的，古书是死的，我们求活的学问而去读死书，有什么用处？如此，古书可以不必读么？其实不然。我们所以要读古书的原因有二：其一是"考古"，其二是"致用"。而考古和致用又必须连成一贯，而后是真能得到要读古书的所以然。

今人考古，多注重实物，而不注重书本。我以为实物固当注意，而书本也不能完全丢掉不要。至少书本和实物并重。这个道理很容易明白。试看皓首穷经的书生，决不能做成考古学者；而发掘古城古墓的工人，也不能做成考古学者。必须二者合而为一，始能做成考古学者。故知实物和古书应当并重。

况且古书之所以不见信于人，因古书中有伪造的书，和转辗传写失去本来面目的书，混杂在中间，所以很被人轻视；然这个是另外一个问题，不是古书本身没价值，不是古书本身不必读。我们只要经过辨伪的工作，认出古书的本来面目来，那么，古书的价值，谁也不能否认了。

致用是活的学问，何以也要读古书？因为我们对于一件事，如何处置，最好是先彻底明白了这一件事的历史。一社会，一民族，今日的情形，决不是和今日以前的事没有因果的关系；所以历史是一件重要的东西。然所谓古书，换一句话说，也可以说他就是历史，只要我们把一切的书都当历史看。所以章学诚说：

"六经皆史。"

"六经皆史"这一句话有人赞成，也有人反对。但我以为这是各人的看法不同，不能说谁是谁不是。因为六经在六经的时代，并非皆史；但到了现代，已经是皆史了。现在的人也不必每个人都把他当皆史看，但是当他是皆史看的价值更大。

上面说明白了因为考古要读古书，因为致用要读古书。但二者又必须连成一气，方为有用。若单讲考古而不讲致用，那就变成玩古董了；任你是古色古香，古气盎然的唐写本、宋刻本，只不过供书斋清玩罢了。若单讲致用而忽于考古，那不是觉得古书无用，就是要受古书的欺。什么叫受古书的欺？例如我们读古书，其中所说的是尧、舜、禹、汤、文、武的事，决不是和实事相符；倘然我们因古书上的话，深信古代有这样的太平成绩，就不免是受了古书的欺。

所以我们要把考古和致用连成一气。就考古说：即使中国旧书等于牛屎，但是化学家对于牛屎也有研究的必要，何况他或者还不是牛屎。就致用说：牛屎也有牛屎的用处，他的用处不但是和香水相等，竟远过于香水，只要我们用的人会拿他去用。然化学家把牛屎研究明白了，倘不拿去用，便是空费力。从对面说，牛屎的用处，不经过化学家的研究，也不能就知道。这就是我们所说的要把考古和致用连成一气。

中国旧式的儒者，分为汉儒、宋儒两派。汉儒专门解经，他们的话要字字有来历，处处有证据，很有考古的精神，和我们所谓考古很相近。但他们所考的不出于经的范围，而在文字的方面所用的工夫尤多，所以只能认他是考古中间的一小部分。

宋儒的学问，只注意身体力行，和我们所谓致用很相近。但是他们的致用不出于个人修养的范围，也只能承认他是致用中间的一小部分。

汉儒的结果变为琐碎，宋儒的结果变为空疏。这是人家所知道的。却是汉、宋儒的范围太狭，而考古和致用又不能连成一气，这个毛病，知道的人很少。现在我们读古书，就要明白了这个毛病，然后不至于再患。

第三章　古书与今日社会发生关系的实例（上）

我在前面第二章里已经说过：我们所以要读古书，是要从考古做到致用。大而一国政治制度的因革，小而一器一物的改造，都要从死的考古做到活的致用。但是这不过是一句空言，究竟有什么实例可以拿来证明呢？现在举几个实例如下。

（1）三民主义

我们孙中山先生所创的"三民主义"，其中主张恢复中国旧有的道德，如忠孝信义等，他是从古书里看出忠孝等为中国民族独有的美德，而有保存的必要，他就采取此说做他的主义之一部分。在今日虽然没有做到恢复的地步，但已走上恢复之途了，至少已向着这条路预备出发了，这就是由考古做到致用的一个实例。和关起门来注解《孝经》或背诵"为人谋而不忠乎",专做考古功夫者不同。也和凭空要照西洋社会的组织来根本改造中国社会,专做致用功夫者不同。这是第一个实例。

（2）五权宪法

"五权宪法"也是我们孙中山先生所自创的,但其中五分之二就是考试权与弹劾权,也是从读古书得来的。这也是从考古做到致用的一个实例。他既不是像考古家只知珍藏《宋元科举三录》,也不像专讲致用者只知摹仿博士论文的办法。他既不像考古家只知道景仰杨椒山,也不像专讲致用者只知运用选举票而不知其他。这是第二个实例。

（3）国音符号

国音符号,又称为注音字母,他是学西洋拼音字的方法所造成的一种中国音符。但是所有的字母,ㄅㄆㄇㄈ都是从《说文》中研究出来的。所有的音,也是从原有的音韵里研究出来的。虽然今日也有人主张把汉字完全废掉不用,只用罗马字来拼音,然两相比较起来,总觉得是国音符号的势力大。今人研究"甲文",研究"金文",单在考古的方面说,不是没有很好的成绩，但是他只是考古，说不到致用。因为他和现代的社会还没有发生关系。主张用罗马字拼音的，又只就致用一方面着手，而完全没有顾到历史或习惯的关系。所以只有国音符号可以说是从考古做到致用。这是第三个实例。

（4）简字

简字，就是通俗社会上所流行的一种简字。例如"處"作"处"，"寶"作"宝"，"從"作"从"，"樸"作"朴"之类，都是。这些字在今日虽然流行于通俗社会，一般读书先生们或不认为是正式的字，但其中大多数是古字。如"处""从""朴"三字都是古字。这一类的简字，有的是见于《说文》或《广韵》，有的是见于宋、元人的小说。近来研究这种简字的人很多，零碎的论文登在报纸及杂志上的，常常可以看见，成为专书的，也有刘复的《宋元简字谱》，就是我也草草的写过一本《简易字说》。我们之目的是要把有长久历史的简字，拿来在今日社会上运用，也可大胆的说，是要从考古做到致用。这是第四个实例。

我们看了这四个实例，就可知道考古与致用是可以连成一气的，并可以知道是应该怎样的把他们连成一气。

第四章　古书与今日社会发生关系的实例（下）

前一章所举的四个例，已经是从考古做到致用了。虽然还没有充分的成绩，但已经成为一种规划了。此外再有零零碎碎的事没有成为一种具体的规划的，还有许多。这些零碎的材料，也是很有用的。他虽没有成为一种具体的规划，但是已经使古书和现代社会发生了关系。所以我们也把他放在这里讲。像下面的几个例就是了。

（1）粪土之墙

我在小时候读《论语》，就读到一条云："宰予昼寝，子曰：'朽木不可雕也，粪土之墙，不可杇也。'"先生解释给我听道："宰予，孔子弟子。名叫宰予。昼，就是白天。昼寝，就是白天睡觉。孔夫子见他白天睡觉，知道他懒惰得可以了，便责他：如朽烂了的木头，是不可以雕琢成器的；又如粪土筑的墙，而不可以粉刷。这是孔夫子对于宰予深恶痛绝的话。"我当时听了这位老先生的讲解，别的都还明了，只有一个"粪"字全不明了。以为用土筑墙是有的，用粪筑墙是没有的。但是，那时候私塾里的学规很严，先生没有讲过的话，学生虽然怀疑，却绝对不许质问。所以我当时虽有这样的一个疑团，却是恐怕惹起打手心的问题，也只好是默默的不开口。自己私下里去翻翻朱夫子的注解，对于"粪"字也是一字不提。大约是不出三个原因：其一，此字是人人所能认的，不必再加注解。其二，此字不雅观，不屑注解。其三，是实在不知道如何注解才好，只得含糊过去了。但是朱夫子既然也没有解释明白，那么我们也只好存而不论了。

后来过了几十年，偶然读近人的笔记，读到一条，说是北方乡间，以马粪作燃料，甚至于把牛马粪涂在壁上。因此我想到把牛马粪涂在壁上，或者和孔夫子所说的"粪土之墙"不无关系。假定这话是不错的，那么"粪土之墙"的"粪"字是指牛马粪。这"粪"字就有确解了。或者这点也是一种社会史料。

说到以牛马粪为燃料，或涂在壁上，我们初看起来，好像是很奇怪的事。其实，仔细一想，也不奇怪。因牛马所吃的不过是草，牛马粪只不过是草经过牛马的胃而发生化学作用，和天然腐化的草相去无几。利用他来做燃料，或是和土筑墙，是适用的。

在古代，这样的事想是很普遍的，所以有"粪土之墙"的话。

（2）易曰乾坤定矣

我们在乡间时，常常看见娶新娘子的人家，门上或柱上贴着红纸对联。那对联上的文道："《易》曰乾坤定矣；《诗》云钟鼓乐之。"这种通俗的新婚对联，我们见惯了，也不觉得有什么可注意处。

我从前又听见人家说起一个笑话。有夫妇二人相争。妇道："雌雄，牝牡，阴阳，都是女在前，而男在后。为什么女要听男的管束呢？"他的丈夫道："雌雄，牝牡，阴阳，这些都不足为凭。你不知道圣人所作的《易经》么？《易经》上的乾坤，却是乾在前而坤在后。"丈夫这样一说，他的妻无话可答。一场口舌官司，便算是打输了。这个笑话，在当时听见，也以为不过是一个笑论罢了。却想不到他和古代的社会史有极大的关系。

后来读《礼运》，读到中间有一句云："我欲观殷道，是故之宋，而不足征也，吾得坤乾焉。"这两句中间所说的"我""吾"，都是孔子自称。据这句话，可见孔子在宋所看见的《易》，是坤在前，而乾在后。本来《易》有多种，我们现在所读的乃是《周易》，在古代本是坤乾，到周代才改作乾坤。

因此我就记起那"乾坤定矣"的话来了。这话是周人说的。

他既然说"乾坤定矣"，可见在他以前是乾坤没有定。认乾在前，坤在后，是已定；那么，未定的当然是坤在前，乾在后。我们再以雌雄，牝牡，阴阳为旁证，则在周以前乾坤是作坤乾，更无疑义了。因此又想到那个夫妇相争的笑话。可惜那个女子没有知道《礼运》上有所谓"坤乾"，甘心在他的丈夫面前屈伏了。

本来中国古代的社会是以女性为主，人生只知有母而不知有父，故姓名的"姓"字是从女，这话凡是研究中国古代社会的人无不知道。今《礼运》上的"坤乾"，和新婚联语上的"乾坤定矣"的话，更可以帮助他们做一个证据。

至于那新婚联上的"《诗》云钟鼓乐之"一句，也和婚姻制度有关系。"钟鼓乐之"是取《诗经·关雎》篇上的话，是表明正式迎娶的意思，也就是一切的繁文缛礼。可见古代结婚的仪式很简单，到周以后才有许多繁文缛礼，不过在他们却以为这才是正式的结婚，不如此，便不是正式的结婚。

（3）倒屣

在中国的旧书里，常常看见"倒屣"二字。"倒屣"二字本有两种解释如下。

第一个解释，是退行。《西京杂记》述匡衡事云："邑有言诗者，衡从之与语质疑，邑人挫服，倒屣而去。衡追之曰：'先生留听，更理前论。'邑人曰：'穷矣。'遂去，不顾。"这里"倒屣"二字，一般读者都解作"退行"。

第二个解释，是急于迎宾。《三国志·王粲传》云："蔡邕才学显著，贵重朝廷。常宾客盈坐，粲在门，倒屣迎之。曰：'此王公孙有异才，吾不如也。'"这里"倒屣"二字，是"匆促之间倒穿鞋子"的意思。

第一个解释和我们现在所说的话无关，暂且不提。从第二个解释，却可看得出中国古代人的笨拙和懒惰。为什么呢？因为中国古代人恰如现在的日本人一般，进门时是要把鞋子脱在门外的。这是人人所知道的，不必多说。且说从"倒屣"二字可以看得出中国古代人的笨拙和懒惰。这话怎样说呢？因为他进去时，是面向里，脱下鞋来，所以是鞋头向里；等他出来时，面向外，匆促之间去穿鞋，自然是要倒穿了。倘然进去时转一个身，将面向外，然后脱下鞋来，那自然是鞋头向外；出来时，任便怎样匆促，总不至于倒穿鞋子的。可是他们想不到这一点，岂不是笨拙？或者是进去时懒得转一个身，岂不是懒惰么？所以这"倒屣"二字，轻描淡写的，把中国古代人的笨拙和懒惰的性情活活的画出来了。

（4）中国古代人不会骑马的问题

在清代的"汉学家"们曾打过一次笔墨官司。有人根据六经去断定古代的社会情形，譬如六经上没有这一个字，就可以断定古代没有这件东西。于是驳他的人说："譬如六经上没有骑字，难道是古人不骑马么？"这是他们的笔墨官司大概的情形。

我以为根据六经来断定古代的社会情形，固然是不可靠的；但是中国古代人不会骑马，却是事实。我说这话，并不是根据于六经，只是根据于实在的事情。第一，马的原产地是在沙漠地方，不是在中国。汉代、唐代、清代都是外国或藩属贡献良马到中国来。这种记载在历史上是很多的。便至今日，中国本部还是不产好马。可见马本不是中国产了。马从外国传到中国，虽然是时代很早，很早，却是古代的中国人是不会骑马，只拿他来拖车子。第二，中国古代的衣服，很不便于骑马；所以赵武灵王胡服骑射，他要学胡人骑马，射箭，必须先改着了胡服而后可。说不定中国人骑马的习惯就是从赵武灵王起。所以古代是没有骑马的习惯。（马虽是有的，但只用他驾车。）所以六经上没有骑字。

（5）出棺材的文化

中国一切的人情，风俗，都是极复杂的，而不是简单的。每一个时代，遇着有外来的东西，无不尽力的收吸，却是原有的又不肯放弃，只是把新来的加入原有的中间。最好的固然也能把新旧融化了而另辟出一个新境界，然也有时候弄得自相矛盾而不顾。就我们一身说罢，头上戴铜盆帽，脚上着皮鞋，然身上无妨穿长袍、马褂。这就是一个例。然而最能充分表现这种特性的事，莫如"出棺材"。

诸君试看出棺材的仪式，多少复杂！棺材后面跟着的孝子，头上戴了麻布头巾，手里拿了青竹杖，这是中国儒家讲丧礼的正当的仪式。但是棺材前面的和尚，手里拿着纸幡，上面写着"西方接引"等字，这又是佛教的仪式了。而棺材上面装一条纸制的或布制的龙，却又是道教的仪式。这一条龙乃是根据于《史记·封禅书》上"黄帝乘苍龙上天"的话而来的。除了棺材上装一条龙不算而外，再有穿红礼袍的道士在前面走。这些都是很重的道教色彩。然而棺材前面又有军乐队，这又是西洋的仪式了。这种情形多少复杂！若说他没有冲突么？实在是有绝大的冲突。譬如前面和尚所拿的纸幡，上面所写"西方接引"的话，是佛教净土宗的话。既然是信净土的话，就绝对不能哭。现在呢？跟在后面的孝子和送丧者，越是哭得伤心，越算有良心。如此，岂不是前后冲突么？

出棺材不过是一个例，其他像这样的事正不知多少。例如中国菜各人一盘分食，用钢笔写中国字，中国字横行写：凡此种种，都是我们常常看见的事。我们从这种地方去细细的观察，就可以知道中国文化之所以为中国文化了。

（6）靴鞋

鞋类在古代叫"履"、叫"屣"、叫"屐"，没有"鞋"字，也没有"靴"字。"鞋"字和"靴"字出现都很迟。有人说：现在普通的鞋，乃是南北朝时由鲜卑传到中国的。"鞋"也就是鲜卑语的译音。不过说这话的人没有说出证据，我也不能代他寻出充分的证据来。这里只不过随便说说罢了。鞋的问题，我们暂且抛开不论，如今再说"靴"。"靴"字又作"鞾"，那是一样的。韩愈有《华革传》，就是将"鞾"字拆成"华""革"二字，传的中间，有几句道："初，华本自胡而来，赵武灵王时见重，是后子孙盛于中国。"按，韩愈所说的"自胡而来"，是可信的。至于说赵武灵王时见重，则未免太早了。大约此字发现总在南北朝以后。又有人说：中国的"靴"字和英文的shoe字音义都是一样，很疑心两字是出于一源。这话究竟对不对，我也不敢武断。但认为可以成为一个问题。倘然考定了中国的"靴"本是外来的物，那么，这个问题更有成立的可能。

（7）二阶三阶

我在上海北四川路一带，常常看见日本人贴的召租房屋的招贴，写着"二阶借贷""三阶借贷"。我虽然不懂日本文，但是看了这种招贴，也很能明白他的意思。所谓"二阶"就是二层楼，所谓"三阶"就是三层楼。其实这个"阶"字就是相当于"梯"字。中国古代（尤其是北方）的房子是没有楼的。《尔雅》上虽有"楼"字，但和现在的解释不同。古代的房子虽也有一座比一座高的，但是前后渐进的，不是数层重叠的，如今在寺庙里或家祠还有这种制度。由比较低的一所升到比较高的一所，就要经过石头阶级。阶的作用，就等于现在登楼的"梯"。古代没有楼，所以也没有"梯"，就说有的，也只在南方有，北方是没有的。今日本人不称二层楼、三层楼，而称"二阶""三阶"，还保存着中国古代的遗风。

（8）菊花的原产地及其变种

自从中央政府选定了梅花为国花，各处的特别市也都选定了市花。如南京以兰为市花，广州以红棉为市花，云南以茶花为市花，上海以棉为市花都是。而长沙和北平同以菊为市花。倘然就历史的关系上说，只有长沙应该用菊为市花，而北平不应该用。因为菊花的原产地是湖南。为什么说菊花的原产地是湖南呢？其一，"菊"字不见于《诗经》，只见于《楚辞》，这是菊花为湖南产物，而在周、秦时北方是没有的。其二，今湖南浏阳一带地方所产菊花石甚多，这种菊花石就是太古时代的菊花，遭着地面的变迁，因而化成石，这是今人所容易知道的。因此，我们可以晓得在太古时代湖南地方的菊花是很盛的。有这两个证据，所以可断定菊花是湖南的产物。

也有人说："《礼记·月令》里也说起菊花。说道：'菊有黄花。'可见菊花不一定是湖南的产物。"我答道：或者陕西也有，但不及湖南为盛。又，据王勉三先生替我解释道：《月令》是根据于《吕氏春秋》的话，而吕不韦的门客，各国的人都有，说不定这里所说的菊花，还是湖南的菊花。也可成一说。

至于说到菊花的种类，到现在真是多极了。有白色，有各种的红色，各种的黄色。有球状，有带状，有针状，有须状，有荷花瓣状。总计不下百种。然我以为他的原始的种类只有一种，就是黄色，球状。以外都是变种。就是《月令》所说的"菊有黄花"四个字，可以包括一切的菊花了。为什么说只有黄色呢？除了《月令》"菊有黄花"而外，试看古人的诗词里都拿"黄花"二字代替菊花。如最著名的李清照的"人比黄花瘦"一句，就是一个例。是可知在较古的时候，只有黄色，或以黄色为多，其他各色不轻易看见。为什么说只有球状呢？因为"球"字在古代是没有的，只作"鞠"字。"鞠"字从"匊"，"菊"字也从"匊"，可见菊花是由形如鞠而得名。而鞠就是今日的球，可知菊花换一句话说，就是"球花"。既因球而得名，岂不是只有球状一种么？因此我就假定，菊花的原始种类，只有黄色，球状的一种，其他各色各状都是变种。这个假定虽不敢说是十分准确，但至少有相当的理由，而可以供我们的研究。

（9）古代发现的X光镜

我前几年曾听见人家说：秦始皇宫中的宝镜，能够照见人的肝胆，这就是今日西洋人新发明的X光镜。我以为这话太附会了，太武断了。然今日仔细想想，也很有可疑的地方。因为中国人不是没有发明的能力，但是一件事偶然发明了，却是只知其当然，而不知其所以然，只知如此而止，而不再求进步。例如以豆子制豆腐，不能说不是化学上的一种发明，但是制豆腐的人绝对不明白所以然的道理，而自发明以至今日，不知经过多少长久的时候，而止是如此，没有进步。以此例彼，可见秦宫中的宝镜，已合于极粗浅的X光的原理，也未可知。

而且这种奇怪的镜子，不但在秦宫中有的，在唐人的小说中，也屡次说起。

唐人皇甫氏的《原化记》云：

苏州太湖入松江口，唐贞元中，渔人载小网，数船，共十余人，下网取鱼，一无所获。网中得物，乃是镜而不甚大。渔者忿其无鱼，弃镜于水。移船下网，又得此镜。渔人异之。遂取其镜视之，才七八寸，照形悉见其筋骨脏腑，溃然可恶。其人闷绝而倒。众人大惊。其取镜鉴形者，即时皆倒，呕吐狼藉。其余一人不敢取照，即以镜投之水中。……其人先有疾者，自此皆愈。……

又李濬《松窗杂录》云：

唐李德裕，长庆中，廉问浙右。会有渔人于秦淮垂机，网下深处，忽觉力重，异于常时；及敛就水次，卒不获一鳞，但得古铜镜，可尺余，光浮于波际。渔人取视之，历历尽见五脏六腑，血萦脉动，竦骇气魄，因腕战而堕。渔人偶话于旁舍，遂闻之于德裕。周岁万计，穷索于水底，终不复得。

照这两段记载看起来，这样的奇怪的镜子，在唐代曾经两次发现。虽说是小说中的话，不可信以为真，然至少有几分是事实。不然，作小说的人也不会凭空的想出这样的事来。这种奇怪的镜子，虽不能和现在的 X 光镜一样的精，但是至少有几分相同。这件事也很可以供我们研究。

（10）纸鸢

"纸鸢"，就是"风筝"。他的来历是很早的。据说：汉高帝征匈奴，陈平放纸鸢传递消息。这可见他的作用是战争时拿他传递秘密消息用的。到现在已变成一种游戏的器具了。

我读《墨子》，见《鲁问》篇说："公输子削竹木以为䧿（又作鹊），成而飞之，三日不下。"而《韩非子》又说："墨子为木鸢。"一个说是公输子的事，一个说是墨子的事，一个说是䧿，一个说是鸢，到底是二事？是一事？已不可知。就说是两件事，也不无相当的关系。我很疑心公输子削竹木为䧿，或墨子为木鸢，就是后来纸鸢的来历。其一，所谓削竹木，是以竹木为骨干，外糊以纸，（那时无纸，或是糊以布类。）古代文字简单，故只称削竹木，而不详细说明更糊以布。必须如此，才能飞；如单用竹木削成䧿或鸢，用机械使他飞，在当时未必能办得到。因此，疑心当时候的䧿或鸢，就是后世的纸鸢。其二，后世

"纸鸢"二字的名称，也不是凭空来的。大概是因为《韩非子》书上说是"鸢"，所以就因袭这个名称叫作"纸鸢"了。否则他的形式很多，何以一例称为"纸鸢"？至于"风筝"这个名称，乃是后来产生的。因为用铜环加于线上，使他遇着风便发出声音来，好如弹筝一样，所以称为"风筝"。

（11）从鱼腹中得到书信的问题

汉代人的诗云："客从远方来，遗我双鲤鱼。呼童烹鲤鱼，中有尺素书。"这四句诗，已成了中国写信者常用的典故，几乎无人不知道的。究竟书信何以能够放在鱼腹中？这是不可能的事。因此对于这四句诗的解释，就有种种不同的说法。第一说，鱼性沉潜，说鱼腹中书，是喻书信是秘密的意思。第二说，函面以鱼形为饰，等于现在的信封上面画作鱼形。在十六七年前，我觉得这两种说法都不妥当。又另立一说道：上文既言客从远方来，他所带来的鱼一定不是鲜鱼，而是干鱼；这种干鱼就是寄信人所附带的礼物，而他的信就放在干鱼的腹中，因为干鱼肚里是空的，当然可以放得下一封信。这种说法，在事实上是说得通的。

不过，我又在葛洪的《神仙传》里看见一个神话，觉得他和那一首古诗不是没有关系，或者那首古诗就是用这个神话做典故。若照时代说，自然是那首古诗在前，葛洪的《神仙传》在后；但也可说《神仙传》是根据古代的传说而叙述的，所以这个传说仍有产生在那首古诗以前的可能性。我们现在且看《神仙传》里的话罢。

《神仙传》记葛玄事云：

> 玄见卖鱼者在水边，玄谓鱼主曰："欲烦此鱼至河伯处，可乎？"渔人曰："鱼已死矣，何能为？"玄曰："无苦也。"乃以鱼与玄。玄以丹书纸，纳鱼腹，掷鱼水中。俄顷鱼还，吐墨书，青色，如大叶，而飞去。

《神仙传》的话是这样。倘然他的话是根据古代的传说，那么，古诗一定是用他做典故了。后来过了几时，又读《史记》，见《陈涉世家》说起一件事，和这个问题很有关系。《陈涉世家》上文叙陈涉、吴广欲谋起事，先去问卜，下文接着说道：

> 卜者知其指意曰："足下事皆成，有功，然足下卜之鬼乎？"陈胜（按陈胜即陈涉）、吴广喜，念鬼，曰："此教我先威众耳？"乃丹书帛曰："陈胜王"，置人所罾鱼腹中。卒买鱼亨（按亨同烹）食，得鱼腹中书，固以怪之矣。……

今按这虽是陈涉假造的神怪故事，用以欺人，但是在当时的人都认为是真的神怪故事。或本先有这种神怪故事，故陈涉得以仿造。总之，在秦末汉初，鱼腹中得书的神话，是流传得很普遍了。那首古诗就是用这种神话做典故。而和葛洪的《神仙传》有没有关系，更不必追究了。

如此，"呼童烹鲤鱼，中有尺素书"，才得到一个确切的注解。

在把本文写完之后，又见《说苑》记吕望的事道：

吕望年七十，钓于渭渚，……初下得鲋，次得鲤，剌鱼腹得书，书文曰："吕望封于齐。"

据此，则这个神话，似乎产生得很早，但是真的吕望的故事么？或是后人假托吕望的大名么？那就不得而知。所以认为是秦末汉初时的传说，比较的更确。现在我们拿他来作古诗的注解，也是读了现在流行的神话传说而联想到的。

第五章　古书如何读法

我们在前面第二章里，已说明白了何以要读古书。在第三、第四章里，又已举出实事证明了古书和今日社会有这样的关系。我们在这一章里提出的问题，就是古书如何读法。这个问题是很不容易回答。

倘使我告诉人家说："古人诗云：'旧书不厌百回读。'你们读古书，只管熟读就是了，没有所谓读法。"这句话对么？我想一定是不对的。

倘使我告诉人家说："从前诸葛亮读书，只略观大意。你们读古书，只要看一点大意罢了，正可不必'之乎者也'的去读。"这句话对么？恐怕不大对罢。

倘使我告诉人家说："从前陶渊明读书，是不求甚解。你们读古书，只要学他不求甚解，何必咬文嚼字的去读。"这句话对么？恐怕不大对罢。

倘使我告诉人家说："古人有言：'一物不知，儒者之耻。'你们读古书，不可把书中的字轻易放过，必须把一事一物晓得明白。"然而又有人说："我虽不认一个字，也可堂堂地做个人。"这两人的话到底谁是，谁不是？

倘使我告诉人家说："孔子云：'述而不作，信而好古。'你们读古书要信书中的话。"然而孟子又说："尽信书，不如无书。"是孔子信古而孟子又疑古，他们的话到底谁是，谁不是？

然则"古书如何读法"这句话真不容易答复了。虽然不容易答复，而却又不能不答复。现在我的答复如下：

各书各读法，各人各读法。

我们知道各书各读法，各人各读法，然后再去读古书：有时候不厌百回读，有时候一看就丢了，有时候略观大意，有时候又细细的读，有时候不求甚解，有时候又必要解释得明明白白，有时候要免掉一物不知之诮，有时候亦可以不识字，有时候要信古，有时候要疑古。总之，是没有固定的方法，是随书而异，随人而异。

何谓各书各读法？我们拿了一本书到手，先要知道这本书是什么性质。倘然不管是什么书，只拿一样的读法去读，那是没有不错读的。可举几个例证明如下：

《楚辞》中的《天问》，原是屈原呼天自诉，以发抒其愤懑的话；王逸注所谓"呵而问之，以渫愤懑，舒泻愁思"，是说得很明白的。却是戴震的《屈原赋注》，于《天问》一篇，处处用天文学来注解，满纸是"赤道"、"冬至"、"夏至"、"北极"、"南极"、多少度多少度一类的话。《天问》本是文学作品，戴震把他当天文书看，这真是戴了"汉学家"眼镜去读一切的书，是大错而特错了。

《离骚》中的"夕餐秋菊之落英"一句，本是诗人随意说的一句话，他并不曾真的去吃菊花。他自己还不曾知道菊花是落不落。却是有人说："菊是不落的，是在枝上枯死的。《离骚》的'落英'二字是不通的。"于是又有人说，"落字作'始'字解"，引《尔雅》为证，说"落英"就是初开的花。其实，争论菊花落不落，是研究植物学的话，把"落"字作"始"字解，是汉儒解经的话；都不是读文学作品所应该如此的。读文学作品的人，只要领略到餐菊的佳趣，不管菊花落也好，不落也好，落英是初开的花也好，是残菊也好。一定要把菊花认清楚，于文学的本身绝不发生关系。

唐人聂夷中的《田家诗》云："二月卖新丝，五月粜新谷。医得眼前疮，剜却心头肉。"这本是一首很好的诗。但是宋人《学斋占毕》驳他：二月里决没有新丝可卖。引经据典，说了许多关于历法的话，以证明"二"字是"四"字的错误。其实，言之过甚，在文学作品中是常有的事。况且所谓"二月卖新丝，五月粜新谷"，也可说指预约而言。正是描写田家剜肉补疮的痛苦。若一定要证明是事实，那也是把文学作品误认为《农政全书》了。

苏东坡的《赤壁赋》，是人人所知道的。他中间说到曹操和周瑜大战的事。其实，火烧赤壁，又是一个赤壁，在今湖北嘉鱼县；苏东坡所游的赤壁，又是一个赤壁，在今湖北黄冈县。两地各不相涉。但在文学里不妨是如此说的。倘信了苏东坡的话，把两地认为一地，在事实上是错误的，不信苏东坡的话，而责苏东坡错了，也是不懂文学的话。须知《赤壁赋》是文学作品，不是"地理志"。

唐人的"姑苏城外寒山寺，夜半钟声到客船"，本是好诗，却是有人说："夜半不是打钟的时候。"苏东坡"竹外桃花三两枝，春江水暖鸭先知"，本是好诗，却有人说："春江水暖，难道只有鸭先知，鹅岂不知耶？"这些都是一样的成了笑话。又唐人的诗，"绿树连村暗，黄花入麦稀"，他这"黄花"二字，是指普通的野花，或指菜花，但是段玉裁误认为"黄花"是指麦花，引经据典的证明他的话不错，却不曾知道既是麦花，又何以云"入麦稀"。杜诗"圆荷浮小叶，细麦落轻花"，段玉裁说是倒装句法，应该作是"麦落轻花细，荷浮小叶圆"，才顺。他的意思是说荷无所谓圆不圆，必说荷叶才可云圆。故"荷圆"二字不通，应作"荷浮小叶圆"，其实在文学上说，一个"荷"字，就是指荷叶。因荷叶很大，可以代表全体，故"荷"即等于荷叶，"荷圆"并非不通。段玉裁的文字学不可说不好，校书的工夫不可说不精。但是不管什么书，都是一样的去读，却不料文学作品是不应该这样读的。段玉裁尚且如此，何况他人！

以上都是文学作品而被他人拿读"非文学书"的读法去读，因而读错了的。再有本非文学书，而被人拿读文学的读法去读，因此真的错误反而看不出。例如《史记·儒林传》有一段云："自孔子卒后，七十子之徒散游诸侯，大者为师傅、卿相，小者友教士大夫，或隐居而不见，故子路居卫，子张居陈，澹台子羽居楚，子夏居西河，子贡终于齐。"这一段话文字固然是很整齐，但是在事实说，子路实在是死在孔子之前。今云："孔子卒后，……子路居卫"云云，只顾行文利便，毫不管事实不符。原来《史记》本是一部历史，历史的价值是在事实真确，而不在文章做得好。今《史记》如此说，已失去了史的价值。不过读的人多数还是拿读文学书的读法去读，所以真的错处看不出。

又《史记·老庄申韩传》，叙韩非云："作《孤愤》《五蠹》《内外储》《说林》《说难》十余万言，……人或传其书至秦，秦皇见《孤愤》《五蠹》之书。"而于《自序》又云："韩非囚秦，《说难》《孤愤》。"到底是先著《说难》《孤愤》而后被因于秦呢？还是先被因于秦而后著《说难》《孤愤》呢？这种自相矛盾的话，两处必有一处是错的。大约司马迁在《自序》上贪图将韩非囚秦和左丘失明，屈原放逐等并列，忘记了有自相矛盾的毛病。而一般的读者也是拿读文学书的读法去读，就把这个绝大的漏洞轻轻的忽略过了。

又如锺嵘《诗品》云："降及建安，曹公父子，笃好斯文；平原兄弟，郁为文栋；刘桢、王粲，为其羽翼。次有攀龙托凤，自致于属车者，盖将百计。彬彬之盛，大备于时矣。尔后迟陵衰微，迄于有晋，太康中，三张二陆，两潘一左，勃而复兴，踵武前王，风流未沫，亦文章之中兴也。"这一般话也有一个绝大的毛病。就是中间"平原兄弟"一句。平原兄弟，到底是指何人？一般的人都说是指陆机、陆云（陆机为平原相）。然也有人说，指曹植、曹丕（曹植封平原侯）。究竟是指何人？很有疑问。如以为是指陆氏兄弟，则有两点说不通。其一，是上文直接"曹公父子"，下文又云"刘桢、王粲"，陆氏兄弟不应夹在中间。其二，"迄于有晋"以下，又有"二陆"云云，岂非重复？如说是指曹植、曹丕，比较的好；但是上文云："曹公父子"，是这一句已包括植、丕在内，下文"平原兄弟"也是赘文。总之，锺嵘的意思是指曹植、曹丕，他因为要做对偶的文章，不觉患了重复的毛病。至于平原二字，界限不清，可以误会到陆氏兄弟，更非锺嵘所能料及。《诗品》是文学批评性质的书，和文学作品绝对不同；却是作者误作，读者误读，这样绝大的毛病，绝少人注意。根本的缺点，是不知各书各读法的缘故。倘然我们知道各书各读法，那么，根本不会有这样的误读之处了。

前面已经说过了，各书各读法；这里再说各人各读法。所谓各人各读法，就是对于同一部书而各人的读法不同。譬如《诗经》罢，《诗经》只是《诗经》，他的本身是不改变的，但是读《诗经》的人不只一种，那么读法也不能一样。《诗经》的本身虽然是诗歌，但是研究社会学的人也要读，研究政治学的人也要读，研究文学的人也要读，研究植物学的人也要拿他供参考。如《周南》中的《汉广》第一章云：

南有乔木，不可休息。汉有游女，不可求思。汉之广矣，不可泳思。江之永矣，不可方思。

在研究文学的人读起来，是赏鉴他情感的温柔及艺术的优美，旁的事情都不管了。

在研究文法的人读起来，就要注意于"不可求思"的"思"字是一个助词。

在研究语言学的人读起来，就当注意于"不可方思"的"方"字。"方"是舟属，在《庄子》中称为"方舟"，云"方舟而济于河"。到后世就并两字而为一字，作"舫"。我们可以知道"方""方舟""舫"就是一物。而"方"字见于《周南》，"方舟"见于《庄子》，可知他是南方的语言。

在研究社会学的人读起来，就当注意于这篇诗是男女恋爱的诗，而和古代的婚姻问题有很大的关系。

在研究政治学的人看起来，就当从这篇诗去考察周初的礼教，和南方风俗的关系是怎样。

这不过是一个大概的情形，此外如研究植物学的人，对于"乔木"的"乔"字，也有可以供参考的地方。研究地理学的人，对于"汉"字"江"字，都有可以供参考的时候。这样说，这首诗所包涵的方面就很多了。但是各人都要读，而各人是各人的读法。

这一篇诗是如此，三百篇诗都是如此；一部《诗经》是如此，一切的书都是如此。

研究一种专门学的人，往往有许多的好材料是在毫不相干的书里寻出来。尤其是中国的旧学，我们要找材料，不能指定往某个地方去找，有时却于无意中于毫无关系的书中找到。

例如研究中国经济制度史的人，他要研究当铺的起源和组织，决不会往李太白的诗里去找材料。但是李太白的诗集里确有这种材料。李太白的诗云："五花马，千金裘，呼儿将出换美酒，与尔同销万古愁。"这四句诗，我们平常读了，只当他是要喝酒，没有钱买，就把袍子脱下来去换酒喝，或是把袍子卖了，然后去买酒。却不知实在的情形不是如此。另外在唐人小说里有一段话，大概说：那时候的风气，酒店遇了客人喝了酒没有钱的，可以用衣服抵押；但有了钱时，仍旧可以赎回去。这种抵押也称为"换"。可见李太白诗中所说的"换"，也就是"当袍子"。我们把李太白的诗和唐人的小说合看起来，可知唐代的酒店也带做当铺生意的，至少和当铺是有关系的。假使在那时候完备的当铺还是没有（有没有当另考），这一类的酒店就可说是当铺的起源了。

又李太白的诗云："鸬鹚杓，鹦鹉杯，百年三万六千日，一日须倾三百杯。"按，"鸬鹚杓，鹦鹉杯"，旧注是说"刻杓为鸬鹚形，镂杯为鹦鹉形"。这是所谓"望文生义"的话。说这话的人未必是看见过鸬鹚杓和鹦鹉杯。我们今天也看不见鸬鹚杓和鹦鹉杯，却不知这种鸬鹚杓、鹦鹉杯在日本还是有的（有实物为证）。日本在欧化以前，一切的文化都是隋唐时由中国传过去的，这种鸬鹚杓、鹦鹉杯，大概还是唐人的旧制（不过今日日本已不一定拿来做酒器，有的是做墨水壶）。

照此看来，李太白这一诗所关系的方面也很多。研究中国工艺的人不得不和他发生关系，研究中日文化问题的人不得不和他发生关系。从李太白的诗说到日本的文化，已经是说得太远了；但是事实还不止如此简单。所谓鸬鹚杓、鹦鹉杯，是把酒杯做成鸟形；因此，我们又连带要说到西突厥的"鸡樽"了。据日本人的《世界美术全集》第八卷四十五面所载的西突厥的"鸡樽"，是把酒樽造成鸡形，完全和鸡一样，酒从鸡口中流出，因此知鸬鹚杓、鹦鹉杯是"鸡樽"的变形，而后世的有嘴壶也是"鸡樽"的变化（古代的壶是无嘴的，辨详下文）。这种樽乃是西突厥制。是又从中国的文化说到突厥的文化去了。越说越远了，但是决不是没有关系的瞎说。

何以说中国古代的壶是没嘴呢？有三个的确的证据，谁也不能否认。（1）壶字是象形，士字是壶盖，以下是壶身。请问嘴在哪里？（2）《诗经》"七月断壶"，此壶字是指葫芦，可知古代的壶就是葫芦。（3）今日本人的酒壶还是没有嘴，中国人多误认作花瓶，其实还是中国古壶的遗制。

我们因此又说到文字学上去了。"七月断壶"的"壶"字，今人多误认为假借；其实不是假借，古代本以葫芦制成壶，所以壶就是葫，葫就是壶，壶字并非假借。

至于中国有嘴的壶就是西突厥"鸡樽"的变形，分明可考。今壶嘴就是鸡口的变相，今壶柄就是鸡尾的变相。这是很可信的。

鸬鹚杓不过是一个例，照此类推，许多的事都是如此。譬如我们读了《史记》的《陈涉世家》，"又间令吴广之次（原衍一"之"字）所旁丛祠中，夜篝火，狐鸣呼曰：'大楚兴，陈胜王。'"这一段话，倘使我们是研究中国小说的人，大可以供给我们研究狐狸精故事的资料。

我们读了苏舜卿的《沧浪亭记》："访诸旧老云：'钱氏有国，近戚孙承祐之池馆也。坳隆胜势，遗意尚存。予爱而裴徊，遂以钱四万得之。'"这一段话，我们倘使是研究社会问题的人，就可以知道在宋初苏州地方的地价是如此。所谓四万，是四十千，照现在国币计算，不到二十元；我们再看今日苏州沧浪亭全部的地，要值多少钱；两相比较，而推得地价增高之故。那么，苏舜卿的一段文章，不能说不是很好的材料。其实，他的本身还是文学。

上面说了许多举例，现在我们再归结到本题上来。就是各书各读法。各书的性质不同，但是无论何人都有细读或参考的必要，只须照着我们自己的需要去读，而不可为固定的读法所束缚就是了。

第六章 三个字的口号

我们无论做什么事，都不得不先定一个目的，读古书也是如此。读古书之目的，也可以说是读古书之标准。至于做得到，做不到，乃另是一个问题，但我们终要照这个标准做去。

读书的标准，在胡适之先生已经有过两句口号，说道：

读书要如金字塔；要能广大，要能高。

他用金字塔比读书。读书要读得多，譬如金字塔的塔基那样博大；读书又要读到精深的地步，譬如金字塔顶那样高。这两句口号是很好的。

现在我们再根据他的话，把他扩充一下，用三个字来做读古书的口号，叫作"精""博""通"。

"精"就是所谓"要能高";"博"就是所谓"要能广大"。再加上一个"通"字。"通"字涵有二义:其一,能够贯通,而不为见闻所限,不为门户所拘。其二,能够通达,就是读死书而能活用。

这三个字的口号,似乎比较的完备而且简单。所以我就定了这三个字做读古书之目的。古今读书的人,有只能做到一个字,或两个字的,很难把三个字都做到。我们何敢自己说大话,要把三个字都做到!但是我们之目的不得不如此定。我们把目的定了,将三个字平均做。不要只做这个,丢掉那个。一步一步向前走,走到那里是那里,做到什么程度是什么程度。

我们拿清代的读书人说:王念孙、王引之父子读书,可说是做到"精"字。我们只要读了他们的《读书杂志》和《经传释词》,就可以知道。《读书杂志》校订《荀子·君道》篇中"数十"两个字云:

> "古有万国,今有数十焉。"念孙案:《富国》篇,
> "数十"作"十数"。作十数是也。当荀子著书时,国之存
> 者已无数十矣。

又校订《荀子·强国》篇"西伐蔡"三个字云:

"子发将（子匠反）西伐蔡。"念孙案：蔡在楚北，非在楚西，不得言西伐蔡。"西"当为"而"。言子发将兵而伐蔡也。

这两个误字，在表面上都看不出是误，却实在是误字。王念孙能看出，不能说不是他的眼光精锐。

又校《晏子春秋》外篇《重而异者》"扐寡人止之"一句云：

> 然则夫子扐寡人止之。卢曰："扐，孙本改助，而音义仍作扐。亦疑而未定也。"念孙案："扐"字义不可通，孙改为"助"，是也。《群书治要》正作"助"。孙本"助"字系剜改，盖音义先成，而剜改在后，未及追改音义耳。

这种正文和音义的不符合处，被他找看出所以然来，也是眼光精锐处。

《读书杂志》中此例甚多，不必遍举。又如"焉"字普通皆用在句尾，没有用在句首的。《经传释词》释"焉"字说："焉"字有时用在句首，等于"于是"二字，或等于"乃"字，或等于"则"字。引证很多，今节录六证如下：

《晋语》曰："尽逐群公子，乃立奚齐，焉始为令，国无公族焉。"言于是始为令也。

《墨子·鲁问》篇曰:"公输子自鲁南游楚,焉始为舟战之器。"于是始为舟战之器也。

《大戴礼·王言》篇曰:"七教修,焉可以守;三至行,焉可以征。"言乃可以守,乃可以征也。

《墨子·兼爱》篇曰:"必知乱之所自起,焉能治之;不知乱之所自起,则不能治。"言知乱之所自起,乃能治之也。

《荀子·礼记》篇"三者偏亡,焉无安人",《史记·礼书》"焉"作"则"。

《老子》"故贵以身为天下,则可寄天下",《淮南子·道应训》篇引此"则"作"焉"。

全部《经传释词》都是这样的解释所谓"语词",共一百六十字,是一种极精的工作。

所以王氏父子读书可以说是"精"了,但不能说是博。因为他们所读的书只以周、秦及汉初为限,后来许多书都不读。在他们以为没有读的必要,其实是不对的。如说"通",乃是更说不到。

清代中叶的赵翼和清末的俞樾都可说是博。他们无书不读。上自所谓圣经贤传,下至医卜星相、稗官小说之类,在旧式的学者以为没有可读之价值的，在他们只要是一本书，他们都要读。所以，他们的见闻不可说是不广。我们只须读了赵翼的《陔馀丛考》和俞樾的《茶香室丛钞》，就可以知道。

现在各引一条为例如下。《陔馀丛考·小姐》条云：

> 今南方搢绅家女多称"小姐"。在宋时则闺阁女称"小娘子"，而"小姐"乃贱者之称耳。钱惟演《玉堂逢辰录》，记营王宫火起于茶酒宫人韩小姐，谋放火私奔。是宫婢称"小姐"也。东坡亦有成伯席上赠妓人杨小姐诗。《夷坚志》，傅九者，好狎游，常与散乐林小姐绸缪，约窃而逃，不得遂，与林小姐共缢死。又建康女娼杨氏死，现形与蔡五为妻，一道士来，仗剑逐去。谓蔡曰："此建康娼女杨小姐也。"此妓女称"小姐"也。

《茶香室丛钞·聊乐我员》条云：

> 宋杨敬仲著《诗解》，解此句云："我自有员姓者为我妻也。"见楼钥《攻媿集》。
>
> 按此解亦甚新。楼氏以古无员姓非之，不知此员字若作姓解，当读为"妘"。《说文·女部》："妘，祝融之后姓也。"韦昭注《郑语》云："陆终第四子曰求，言为妘

姓，封于郐，今新郑也。"然则郑固有妘姓矣。"妘"通作
"云"。《广韵》二十文云："古文雲字，亦姓，出自祝融
之后。"而此经"员"字，《释文》曰："本亦作云。"则
其通作"妘"，有明证矣。

在今日看起来，他们二人的书，是极好的社会史料。但是不
能组织成一部完美的社会史，这就是不能"通"。而所有的史料
也没有经过严密的审查，他们也没有审查的能力（俞樾尤甚），
这就是不能"精"。

说到"通"，在清代可推章学诚为代表。章学诚的"精"不
及王氏父子，"博"不及赵翼、俞樾，但他能"通"，所以能卓
然成为学者。他的《文史通义》，在清代虽不十分著名，到现
在他的价值差不多大家都知道了。今节录他的《文理篇》数段
如下：

> 夫立言之要，在于有物。古人著为文章，皆本于中之所
> 见，初非好为炳炳烺烺。如锦工绣女之矜夸采色已也。富贵
> 公子，虽醉梦中不能作寒酸求乞语；疾痛患难之人，虽置之
> 丝竹华宴之场，不能易其呻吟而作欢笑。此声之所以肖其
> 心，而文之所以不能彼此相易，各自成家者也。今舍己之所
> 求，而摹古人之形似：是杞梁之妻善哭其夫，而西家偕老之
> 妇亦学其悲号；屈子自沉汨罗，而同心一德之朝，其臣亦宜

作楚怨也。不亦慎乎！

文字之佳胜，正贵读者之自得。如饮食甘旨，衣服轻暖。衣且食者之领受，各自知之，而难以告人。如欲告人衣食之道，当指脍炙而令其自尝，可得旨甘；指狐貉而令其自被，可得轻暖，则有是道矣。必吐己之所尝而哺人以授之甘，搂人之身而置怀以授之暖，则无是理也。

陆机《文赋》、刘勰《文心雕龙》、锺嵘《诗品》，或偶举精字善句，或品评全篇得失，令观之者得意文中，会心言外，其于文辞，思过半矣。至于不得已而摘句为书，标识为类，是乃一时心之所会，未必出于其书之本然。比如怀人见月而思，月岂必主远怀；久客听雨而悲，雨岂必有愁况。然而月下之怀，雨中之感，岂非天地至文，而欲以此感此怀藏为秘密，或欲嘉惠后学，以谓凡对明月与听霖雨，必须用此悲感，方可领略；则适当良友乍逢，及新昏宴尔之人，必不信矣。是以学文之事，可授受者规矩方圆，其不可授受者心营意造。至于纂类摘比之书，标识评点之册，本为文之末务，不可揭以告人，只可用以自志。父不得而与子，师不得以传弟。盖恐以古人无穷之书，而拘于一时有限之心手也。

夫书之难以一端尽也，仁者见仁，智者见智。诗之音节，文之法度，君子以谓可不学而能，知啼笑之有收纵，歌哭之有抑扬，必欲揭以示人，人反拘而不得歌哭啼笑之至情矣。然使一己之见，不事穿凿过求，而偶然浏览，有会于心，笔而志之，以自省识，未尝不可资修辞之助也；乃因一己所见，而谓天下之人皆当范我之心手焉，后人或我从矣，起古人而问之，乃曰"余之所命不在是矣"，毋乃冤欤！

他又尝论《檀弓》用字造句云：

> 《檀弓》："南宫绦之妻之姑之丧。"评者谓叠用三"之"字，句法之妙。又石骀仲卒章叠用四"沐浴佩玉"句，评者又谓文之妙于繁者。《檀弓》之文诚古，然佳处却不在此。如云："南宫绦妻有姑之丧"，句自简明亡弊。何为必叠用"之"字见长？石骀仲章，但云："卜所以为后者，曰'沐浴佩玉则兆。'"五人从之，石祈子否，曰："乌有执亲之丧而沐浴佩玉者乎？"省去二重叠句，未尝不妙。夫经传成文，流传已久，岂可妄议增损字句。但必谓古人文辞佳处在此，则傅会之见矣。《曲礼》"若夫坐如尸，立如齐"，"若夫"虚字凭空而起，自是记家删节古书原文，而删改有未尽者。故犹存蒙上文势耳。评家又谓古人文笔之妙，贻误初学不小。（附《檀弓》原文云：石骀仲卒。无嫡子，有庶子六人。卜所以为后者。曰："沐浴佩玉则兆。"五人者皆沐浴佩玉。石祈子曰："孰有执亲之丧，而

沐浴佩玉者乎？”不沐浴佩玉。石祈子兆。）

这一类的话在我们今日看起来，虽然是很寻常，不见得有什么创见。但在他那时候，一般读书人的思想，没有这样的开展，这一类的话无人能说，也无人敢说。章学诚见得到，说得出，这就是我们所谓“通”了。

精而不通的弊病，是执固。例如前面所说的段玉裁辨“黄花入麦稀”就是一个例。又如《墨子》书中本多奇字，而于兵法中各种器物，为更甚。如“𪏋”“𥵮”本是特别器具，而毕沅校本以为俱是“鼠”字之误。又如“鼛”字原意当是指金属所制鼓，如铜鼓。而毕沅校本以为即“鼓”字。因毕沅成见甚深，他以为无来历的字，统指为误字，为坏字，而不顾和事实不符。

博而不通的弊病，就是喜欢拿奇字僻典骄人。例如近人编文学史，其中有“三候歌”三字，一般读者都不知“三候歌”是什么，东查西翻，也毫无着落。说穿了真好笑。原来所谓“三候歌”，就人人所知道的“大风歌”。编文学史者这样的用字，真不应该。又近人谭延闿替上海某茶食店写招牌，写了“推谭仆远”四字。一般上海人都不知道什么意思。有人问章太炎，章太炎也不懂。后来经人转了几个弯，才从《后汉书·西南夷传》注中查出。原来是一句外国语，意思是“甘美酒食”。说穿了岂不好笑！替人家写招牌，有一点特别的风味，这样的写，未尝不可。然究竟是以博骄人，不及大大方方说话的好。

这一类的笑话很多很多，说不胜说。只就我最近看见的一条，随笔记在这里，以见一斑。据《茶香室丛钞》转引某书，说古时有所谓"飞鸟书"。你道飞鸟书是什么？就是"地图"。意思是地图上的远近，都是照直线计算，和地面上的路径有弯曲的不同，恰如鸟子飞的路程一般，故称"飞鸟书"。这三个字倘然被博而不通的人，拿来代替"地图"二字用，那真要害死读者了。

总之，"精"的弊病是仄狭，"博"的弊病是琐碎。"通"比较的好，然通而不精，就流于浮泛；通而不博，就病于空疏。所以"精""博""通"三字都不可少，不过，"精""博""通"三字的音，和"竟不通"很相近。我们拿这"精""博""通"三字做个口号，切切不要念差了。

第七章　明学术源流

我们读古书除了前面各章所说的话而外，再有两件事应该知道：一，是明学术源流，二，是明古书源流。今先说明学术源流。以前，中国的读书者不注重学术源流，所以关于这一类的书并不多，这是给我们读书人的一个困难之点。而且中国的学术自己另成一个系统，和西洋学术的系统不同，我们拿西洋学术的名称来支配中国原有的学术，不是支离割裂，就是牵强附会，名为整理，实在是越整理越糟糕。这是给我们读书人的第二个困难之点。

我不是说中国旧学，不应该整理，不过不能用固定的机器来作工。今人把整理旧学看得太容易，以为把古书拿来一翻，凡是说到"财"字的，就把他当是经济学看；凡是说到"庠""序""学校"等字的，就把他当教育学看；凡是说到

"心"字的，就把他当心理学看；凡是说到"物"字的，就把他当物理学看；其实何尝是如此。例如"人心惟危，道心惟微"，并不是心理学。"致知在格物"，并不是物理学。倘然这样的支配起来，就要弄得莫名其妙。又如《大学》从正心，修身，说到齐家，治国，平天下，原是一个系统。倘然把他分割开来，正心是心理学，修身是伦理学，齐家是社会学，治国平天下是政治学，而况正心以前还有什么诚意，致知等，那么，这一章是分开来讲呢？还是一直讲下去？这不过是极浅的两个例，以外如此之类的事很多，我们固然要希望寻出一个纲领来，以便于后来的人去研究，但是决不能采用西洋的方法呆板的来用。所以我们要读古书，是要先明白原有的学术源流，就是要把他重新整理一下，也要先明白他原有的源流。旧有关于这类的书虽然不好，但是我们在今日不读古书就罢，如要读古书，这些书是不得不先看一下子的。现在把几种必须用的开列如下。

《汉书·艺文志》

《隋书·经籍志》

要明学术源流，这两种书是必须备的。而《汉书·艺文志》尤为重要。如没有"二十四史"的人，可单买一部《八史经籍志》，那么，《汉志》《隋志》都包括在中间。近人顾实有《汉书艺文志讲疏》，可供参考。

《三通序》

杜佑《通典》，郑樵《通志》，马端临《通考》，共称为"三通"。后人单刻其序文为《三通序》。

《传经表》

《通经表》

清毕沅撰。在《式训堂丛书》（即《校经山房丛书》）中。

《经学历史》

清皮锡瑞撰。原刻本。有商务影印本。又有学生国学丛书标点注解本。

以上三书是专门讲所谓"经学"传授的源流的。

《史通》

唐刘知幾撰。清浦起凤有《史通通释》，比较的易读。这是专门研究史学的书，史学源流也包括在中间。

《文史通义》

清章学诚撰。可供参考。

《庄子·天下篇》

在《庄子》书内。又有顾实《庄子天下篇讲疏》。

《司马谈论六家要旨》

在《史记·太史公自序》内。

《刘子·九流篇》

北齐刘昼撰。《刘子》有崇文书局《百子全书本》。以上三篇，讲诸子源流很详。

《文心雕龙》

梁刘勰撰。古代专门研究文学的书，只不过这一部。在今日看起来，虽不能说完全好，但有一部分确是好的。文学源流也包括在中间。

《古文辞类纂序目》

清姚鼐撰。《古文辞类纂》人家都当他是一部古文选本看，其实，选得并不好，只有前面一篇序目，把古文源流说得很清楚，确有相当的价值，我们不得不一读。

《经史百家杂钞序例》

清曾国藩撰。性质和《古文辞类纂序目》一样。但价值比他高。以上两书板本很多，但以木板的为佳。

以上所列的书目，都是十二分切实适用的。此外再有近人新著的书，如胡适《中国哲学史大纲》，王国维《宋元戏曲史》，鲁迅《中国小说史略》，及某君《中国绘画史》《中国音乐史》之类，或是有新的见解，或是那种学术在以前没有人十分注意（如戏曲史之类），这些书在今日为创作，都是应该找来略看一看。

我们把学术源流明白了，然后去读古书，自然是事半功倍。若因为时间关系，不能先把以上各书读完了，然后去读其他古书，也无妨同时并读。总之，不必执固不通，我们可照自己的环境及自己的性情，变通办理。这也是所谓"通"了。

第八章　明古书源流

　　现在再说明古书源流。所谓古书源流，与学术源流略有不同。学术源流是指学派而言，古书源流是指书的本身而言。

　　要明白古书源流，又当分为两层来说。一是目录，二是板本。今先说目录。我们读书的人，必先有了一份目录，然后知道有些什么书，是一定的道理。把全部分书籍整理一下，编定一个目录，这是从刘向起头。孔子虽然整理过旧书，但没有编订过目录。刘向校书于天禄阁，把那时候所有一切的书分了七种门类，编了一个目录，名叫《别录》；后来他的儿子刘歆，又另编定了一个目录，但仍因袭着他老子的七种门类，称为《七略》。班固的《汉书·艺文志》，就是根据于《七略》《别录》而编成的。今《七略》《别录》已不传（除了清人辑本不算），所以今日所见的讲目录的书，以《汉书·艺文志》为最古。其次便是《隋书·经籍志》了。

书目大概可分为备查的和备读的两种。

备查的又有下列四类：

（1）史志中的书目。如《汉书·艺文志》《隋书·经籍志》之类。又有后人补作的如《补后汉书艺文志》《补元史艺文志》之类。

（2）地方志中的书目。如《某某省志》《某某县志》，关于某一个地方的人所著的书，都有一个书目在里面。

（3）国家藏书的书目。如《七略》《别录》，就是汉代国家藏书的书目。后来唐代的《开元四库书目》（今不传），宋代的《崇文总目》（今存《汗筠斋丛书》中），明代的《文渊阁书目》（今存《读画斋丛书》中），清代《四库总目》等都是。今日《国立图书馆的书目》也归入此类。

（4）私人藏书的书目。以唐人吴兢《西斋书目》为最早，但今不存。其存在的，以宋人尤袤的《遂初堂书目》为最早。其他如《天一阁书目》《绛云楼书目》《铁琴铜剑楼书目》等都是。此种书目更多不胜举，今但举几种最著名的如左。

这一类的书目只是供给备查的。并不是指示读书门径的。指示读书门径的书目，我们称为备读的书目。

备读的书目以张之洞《书目答问》为最适用。（其中所举也有不是必须读的，阅者自己可以分别。）其他就是近人梁任公、胡适之等人所开的书目了。

上面讲完了目录，如今再讲板本。中国刻书虽始于唐及五代，而实盛于宋。故在今日"宋板"的书已算是最名贵的了。不过，当古董看自然以"宋板""元板"为名贵，若是拿来当书读，"宋元板"不及清人精刻的好。因为刻工及校对都是后人比前人精，这是无可讳言的。今就刻书的性质，把板本分为三种如下：

（1）官刻本。或称为国家刻本。就是中央政府所刊行的。如明代国子监所刊的书就是。南国子监所刻的称为"南监本"，北国子监所刻的称为"北监本"。又如清代的"殿板书"是刊于武英殿的，如殿板"二十四史"之类便是。又有武英殿《聚珍板丛书》，所包涵的书很多。此外各省多有省立的书局，专门刻书的，如江苏有苏州书局（现改归苏州图书馆），浙江有浙江书局（现改归浙江图书馆），江西有江西书局（现改归豫章图书馆），广东有广雅书局，湖南有思贤书局，湖北有崇文书局，扬州有淮南书局。他们所刊的书也可称为官刻本。又有书院所刻的也称为官刻本。如广州的学海堂所刻的《经解》及《学海堂丛刻》，福州的正谊堂所刻的《正谊堂全书》，都是最有名的。

（2）家刻本。就是私人刻的。大多数是自著自刻的。以外就是大部的丛书。如《粤雅堂丛书》（伍崇曜刻），《知不足斋丛书》（鲍廷博刻）都是。明末最著名的私家刻书者，就是汲古阁主人毛晋。但是他刻书的性质已介于家坊刻之间了（坊刻见下）。

（3）坊刻本。就是书铺里刻的。书铺刻书卖钱，在南宋已有，明、清以来，日盛一日。到了今日，几乎除了坊刻本而外，只有极少数的家刻本，官刻本已没有了。

以上三种刻本之中，应以家刻为最好。因为自著自刻，当然是很经心的，官刻之目的，虽然在宣传文化，然校阅的人，都是雇用的，对于校阅不免有敷衍塞责的地方，只要蒙过了经办人的眼睛就完了，况且经办人也未必个个内行。所以官刻本也有不可靠的地方。至于坊刻，目的是在谋利，刻工愈省愈好，出品愈快愈好，板本自身是好不好，是他们所不注意的了。明代的书坊刻书往往有贪图工料节省，把全书抽去若干，而仍混称为全书的。又往往利用简笔字以节省刻工。校阅方面，更不能精审了。所以三种板本之中以坊刻为最不好。

以上的板本，是指木板而言。如在今日，除了木板以外，更有石印、铅印种种。而石印、铅印的古书，必有根据。倘然所根据的板本好，当然是好，所根据的板本不好，就不好。至于石印、铅印的本身好不好，乃又另是一个问题。

石印又分为两种：一种是照原书影印的（简称影印），一种是写印的，所以总共有三种。而三种之中，以影印为最佳，其次是铅印，最不好的是写印。

　　本来目录学和板本学好像已成了两种专门的学问，内容非常的复杂，决不是我这样的几句话所能道其万一。但是我们现在也不必研究到什么很深的程度。只要有相当的程度，已够用了。如要讲到精深，那么一般的读书人反而比不上贩卖旧书的书贾。然而书贾终是书贾，只知买书卖书，而不能读书。

　　关于专门讲板本的书有叶德辉的《书林清话》（家刻本），关于专门讲雕板源流的书，有孙毓修的《雕板源流考》（商务本）可供参考。

第九章　材料与工具

我们在前第二章里已经说明白了，我们因为考古致用而读古书。因此，古书只是我们考古与致用的材料，并不是我们的圣经，也不是我们的约法。古书是我们考古与致用的材料，是不错的，但其中也有一部分是工具。没有材料，单有工具，固然不能做工；然单有材料，没有工具，也不能做工。读古书也是这样。至于那些书是材料？那些书是工具？我们下面把他大略说一说。

我们寻常所读的各种名著，都可以把他们当材料看。此外再有经前人收集来的现成材料，更可以大大的利用他。这些书名大概是如下面所开的几种。

《梦溪笔谈》　　　宋沈括撰

《容斋五笔》　　　宋洪迈撰

《困学纪闻》　　　宋王应麟撰

《七修类稿》	明郎瑛撰
《丹铅总录》	明杨慎撰
《少室山房笔丛》	明胡应麟撰
《日知录》	清顾炎武撰
《陔馀丛考》	清赵翼撰
《十驾斋养新录》	清钱大昕撰
《癸巳类稿》	清俞正燮撰
《茶香室丛钞》	清俞樾撰

我们无论是研究文学，或是研究哲学，或是研究社会问题，往这些书里去取材料，都是所谓"俯拾即是"，十分便利。这些书好像是杂货店，又好像是百货公司，无论是吃的，用的，他们都从各地方搜集来，陈列着，以供给我们的选择，只要我们有选择的能力就行了。工具，是帮助我们工作的。譬如开门，倘然门没有锁，我们可以用手推开；倘然锁了，就非先找到了钥匙不行。我们读书遇着不识的字，非翻字典不行，那么，字典就是我们的钥匙。

也有一种事，不用工具也可以做的，譬如行路，只凭两只脚也可以行，但是用力多而收效少。倘然乘脚踏车，那就用力少而收效多了。倘如乘火车，竟可以全不用力而收效更多。读书也是如此。譬如根据历史去计算年代，计算唐玄宗天宝元年是民国前几年，未尝算不出，但是太吃力。倘然查一查现成的历代纪元表，只须两三分钟工夫就查得出来。所以读书是离不了工具的。

关于工具的书，除了人人所知的字典《辞源》而外，再有下面所开的几种书，是读古书的人必备的工具。

《经籍纂诂》　　　　清阮元撰

《读书杂志》　　　　清王念孙撰

《助辞辨略》　　　　清刘淇撰

《古书疑义举例》　　清俞樾撰

《历代纪元编》　　　清李兆洛撰

《历代地理志韵编》　清李兆洛撰

《历代名人年谱》　　清吴荣光撰

此外再备几部近日坊间所出的普通辞书，及专门辞书，以备检查。读书时遇着困难的地方，去请教他们，虽不能"百问百答"，"有求必应"，但最低的限度：问一百可以答五十，求二百必能应一百。这一类的书，是你的不要薪水的顾问，不要学费的先生。胡适之先生尝劝人家说："就是当了衣服，也要多买几部字典。"这话是不错的。当了衣服买字典，还是合算的。因为买了一次，就可以用一世了。

第十章　读了若干部古书所得到的概念

我们读了若干部古书，对于中国旧的学问，旧的风俗，习惯，可得到一种什么概念么？旧的学问到底能不能算学问？旧的风俗，习惯，到底是好？是不好？我们可有一种什么感想么？

这个问题是不容易答的。答复的人也是各执一说，各是其是。我现在且不必逐个的批评他人的话，只把我个人所得到的概念写出来，供他人作为参考的资料。现在举几条大纲如下，而后逐条加以说明。

（1）有思想而无实验。

（2）思想笼统而不善于分析。

（3）学问零碎而无系统。

（4）学术名词无确切的界说。

（5）善于收吸外来的文化，而使他变为中国式。

（6）中国的学术都以政治为中心，如和政治无关的，便视为不重要。

（7）最好的是文学、艺术的作品及实践伦理。

（8）文学及艺术的作品，只是优美的，缺乏壮美的。

（9）缺乏哲学思想和科学思想，外来的哲学思想及科学思想往往是文学化，或艺术化了。

（10）人民缺乏政治知识。

以上十条大纲，当然是不完备，但是已可略见一斑了。现在再逐条加以说明如下。

（1）有思想而无实验

为什么说有思想而无实验呢？例如唐人段成式的《酉阳杂俎》说："月势如丸，其影，多为日烁其凸处也。"宋人沈括的《梦溪笔谈》说："或问：'日月如丸，如扇耶？'余曰：'如丸。以月盈亏可验也。月无光，日之曜乃光耳。光之初生，日在其旁，故光侧，而所见才如钩。日渐远，则斜照，而光稍满。如弹丸，以粉涂其半，侧视之，则粉处如钩，对视之，则正圆。此有以知其如丸也。'"这两段话，都是很好的关于天文学的思想。但是缺乏实地的窥测，如今日的天文台上所做的工作。因此，只有这样的思想，而始终不能做成一种精密的天文学。

又如朱子尝登山，看见蚌壳，疑心到现在的山巅就是太古时代的海底。又中国尝有"沧海变为桑田"之说，流传于众口。又柳宗元有《说天》一篇，将地比为有机体的东西，人类比如微生虫一类的东西，说人类垦田，伐山凿井，筑墓，恰如微生虫损害有机体一样。这些都是很好的关于地质学的思想。然他们只不过如此说说罢了，到底不能成为地质学。

在政治、社会方面，如黄宗羲的《原君》，已大概知道"国是人民所公有，不是皇帝一人的私产"的道理。柳宗元的《送薛存义之任序》，已知道"官吏是人民公仆"的道理。王安石说："……圣人不作，……顾引而归之太古，太古之道果可行之万世，圣人恶用制作于其间？必制作于其间，为太古之不可行也。"这话已知道社会进化的道理。柳宗元说："夫气烦则虑乱，视壅则志滞。君子必有游息之物，高明之具，使之清宁平夷，恒若有余；然后理达而事成。……在昔裨谌谋野而获，宓子弹琴而理；乱虑滞志，无所容入。则夫观游者果为政之具欤！"这话已知道公园有益于人民的道理。不过他始终不能有什么建设，只不过留着这些在他们的文集里，作为一种点缀品罢了。

凡是上面所举的事实，都是有思想而无实验的实例。

（2）思想笼统而不善于分析

为什么说思想笼统而不善于分析呢？例如孟子骂墨子，不管三七二十一，总骂一句他是禽兽。只知道墨子讲兼爱，讲节葬，那就是不孝，不孝就是无父，无父就是禽兽。却不能把墨子所讲的兼爱、节葬的话，精细的分析开来，严密的观察一下，那几点是好？那几点是不好？这样的骂墨子，叫墨子如何服呢！这一类的例，在古代是很多，举不胜举。这一点，在现在知道的人也已经很多了，更不用着我再来噜噜苏苏的举例说明，不过，最近遇见一件事，随便把他记在这里，可见中国人的笼统思想，不但古代如此，就是到现在还是如此。这件事的情形大概是如下：

某年，上海某报上忽然登载了一件女子问题的讨论的稿子。题目叫作"打倒雌老虎"。加入讨论的人分为两组：一组是赞成打倒的，一组是说打倒是不合理的。彼此你一辩来，我一驳去，接连在报上登了好几期，到最后，还是一场没结果而散。当时我没有加入讨论，只立在观战的地位，下一句批评道："这个问题不必如此讨论，只消两句话就解决了。我们暂且把'雌'字放在一边，不要去理他，只问他是不是老虎。倘然是老虎，就应该打倒；倘然不是老虎，就不应该打倒。这样的判断，岂不是极简便？极确当？如再要讨论，就当寻找是不是老虎的证据。"却是在那时候讨论的人，都把"老虎"二字丢了不管，只注意在一个"雌"字上。这真是思想笼统而不善于分析的一个好例。大约他们是将"雌老虎"认为一个名词，认为是女子的代名词；而不善于将"雌"字和"老虎"二字分析开来说。所以就有这样的弊病。我说这话，我实在不是有意讪笑人家，实在是希望以后的讨论者不要再患了这种毛病。

（3）学问零碎而无系统

为什么说学问零碎而无系统呢？这种事实，凡是多读过几部中国古书的人大概都感觉到的，而且都认为是读古书中的一个困难问题。我们试看孔子的伦理学，政治学，教育学，包括在一部《论语》中，何等的零碎！孟子的伦理学，政治学，教育学，包括在一部《孟子》书中，也何等的零碎！老子的宇宙观，人生观，商君的功利政策，韩非的法治主义，也无不是如此。

在中国对于研究一种学问有系统的书，大家都知道，以刘勰的《文心雕龙》及刘知幾的《史通》为最有名。至如章学诚的《文史通义》，因为比较的时代更迟，暂且不说了。

然而《史通》的方法，未尝不是从《文心雕龙》学来的，而《文心雕龙》的作者刘勰，他少年时就寄住在和尚庵里，读了不少的佛书，到后来还实行出家做了和尚，佛书的结构本很精密，大约刘勰的《文心雕龙》的作法是受了佛书很深的影响。如此说来，有系统的著作，在中国确是没有的；间有一二，也是受了外来的影响。

（4）学术名词无确切的界说

为什么说学术名词无确切的界说？这大概读过几部中国古书的人也都感觉得到的。譬如老子所说"道"，孔子所说的"仁"，到底什么叫"道"？什么叫"仁"？他们自己不曾下一个确切的界说，便叫后来读书的人感着无限的困难。况且同是一个"道"字，在孔子书中所说的"道"，决不是等于老子书中所说的"道"。同是一个"仁"字，同在孔子口里说出来，却是对于这个学生是这样的说，对于那个学生又那样的说。到底那一种说法是对呢？在孔子自己的认为是都对的。他的理由，是对各个学生的毛病而发药。这话虽然是不错，但照这样说，孔子答复他弟子的话，是替弟子医病的药方，我们现在的人，决不会患了和他任一个弟子同样的病，所以他的药方，除了对于当时一个人而外，就毫无用处。我们生在后代的人，不问病证如何，只拿固定的药方去服药，这个结果如何，是可想而知了。

我们就丢开事实不说，再说理论，单是药方，决不能称为医学。所以这一点在学术上说是失败的。

所以中国古书对于学术名词没有确切的界说，确是一个极大的缺点。

（5）善于收吸外来的文化，而使他变为中国式

为什么这样说呢？我们试看几个实例，就可以知道。就大的问题，远的事实说，由收吸印度的佛学而变出中国的禅宗，又由禅宗而变出理学，这都是先收吸外来的文化，而后变成中国式的。就小的问题，近的事实说，标点符号，本来就是从西洋输入的，但是今日通用的标点符号，如人名号，书名号等，但不是西洋所原有的，而引号有些人用的也和西洋原有的不同，这是已经变为中国式了。又如上海西餐馆里出售的所谓西餐，也和真的西餐不同，也是已经中国化了。

大约中国民族的特性，既善于收吸外来的文化，而又善于使他变成中国式。

（6）中国的学术都以政治为中心，
　　　　如和政治无关的，便视为不重要

为什么这样说呢？试看中国自上古一直到现在，在学界最占势力的，莫如孔子、老子两家的学说。而这两家的学说，都以政

治为中心。虽然也包括伦理、教育等等，但无不归本于政治。如《论语》第一篇是《学而》，第二篇就是《为政》。其所学的无非是为政之道。《大学》从格物，致知，诚意，正心，修身，齐家，直说到治国平天下为止，要把这各项做成一气，最后便是治国平天下。孟子周游各国，说来说去，无非是想行他理想政治，就是仁政。这可证明孔子一派的学说是以政治为中心了。所以《汉书·艺文志》说："儒家者流，盖出于司徒之官，助人君顺阴阳，明教化者也。"《汉志》这话是不错的。

老子的学说，今人多认为是哲学，其实不是哲学，乃是政治学，即人君治民之术。《汉书·艺文志》称为"人君南面术"。我另有《老子学辨》一书，说明此事，认老子之学为"人君南面术"，而分其术为五步：第一用兵，第二取天下，第三治天下，第四功成名遂身退，第五养身。这话甚长，在这里不必多说，读者如能参看《老子学辨》，就可以知道。总之，老子的学说为政治学，已被《汉志》"此人君南面之术也"一句话说完了。

此外在周、秦时商君及韩非的学说，当然以政治为中心，更不必再要加以说明。墨子和惠施、公孙龙等人的学说，不是以政治为中心，他们的学说影响于后世人的心理也不深。《庄子》的学说毫无政治的关系，他影响于后世人的心理很深，但是在全部中国学术思想中，他所占的地位不多。所以就大体说，还是以政治为中心。

其他和政治无关的，或脱离了政治而独立的学术，如农工商医等等，都以为不重要。就是有人说起，也往往把他拉入政治的范围以内去讲。就农学说罢，譬如明代徐光启所撰的《农政全书》，他以"农政"题名，将农事认为是政治的一种。他的思想是根于古语"国以民为本，民以食为天"而来的。所以从他的题名，可以看出他的思想来；而他的思想，也就可以为"学术以政治为中心的思想"的代表。

（7）最好的是文学、艺术的作品及实践伦理

为什么这样说呢？我们根据前面（1）（2）（3）（4）各节所说的话，已经知道所谓中国的学术，是无实验的，是不分析的，是无系统的，学术名词是无确切的界说的。如此说来，简直是不成其为学术。那怪不得现在有人不承认中国有学术了。

倘然立脚在这一点而发言，我也不能承认中国有学术。但是，中国却有许多的很好的东西。这些东西，作时髦一点的口气说，就是"我们的宝贝"；作腐化的口气说，就是"国粹"；作似通不通的口气说，就是"国学"。这些到底是什么呢？就是我们的文学作品，艺术作品，及实践伦理。

先就文学说罢，古代的中国人，并不懂得什么文学原理，也没有文学史的观念；就是有说到关于文学原理的话，或是关于文

学史的话，也只是零碎的，而没有组成系统。所以照严格的说，不能说是有文学。但是，再看一看文学作品，却有许多很好的创作。《国风》，《楚骚》，陶渊明、李太白、杜少陵等人的诗，司马迁的散文，以及《三国演义》，《西游记》，《红楼梦》，都是在全世界可以占一席地。此外比较次一等的更不消说了。所以我说，文学作品是中国最好的事件中之一种。

再说艺术，也和文学一样。古代的中国人不明白什么是艺术原理，也没有艺术史的观念；但是看一看艺术作品，却有许多很好的创作。图画、雕刻、陶塑、刺绣，都是所谓"驰名中外"，所谓"寰球闻名"的。这一点想是大家都知道，也用不着我再来饶舌了。所以我说，艺术作品也是中国最好的事件中之一种。

再说伦理，也和文学艺术一样，中国不能说有伦理学。孔子教人孝，教人悌，他只说，凡是做儿子的都应该孝父母，凡是做弟弟的都应该悌兄长；他却不曾说明为什么要孝？为什么要悌？所以孔子的话不能称为学。而在实践一方面看来，却是了不得。上自所谓圣君贤相，下至匹夫匹妇，能实行孝悌之道的实在多至不可胜数。这也不必要我一个一个举出姓名来为证了。除了孝悌而外，其他信义等美德都如此。所以我说，实践伦理也是中国最好的事件中之一种。

（8）文学及艺术的作品，只是优美的，缺乏壮美的

为什么这样说呢？试看《礼记》中的《经解》，解释《诗经》道："温柔敦厚，诗教也。"这"温柔敦厚"四个字，可以拿来评论大多数的好的中国文学作品。虽也有一二例外，但他是有特别的关系，等我在下面再另外说明他。

艺术呢，如山水画，都是以平淡为最高的标准。就是写重峦叠嶂，而其笔墨之间，仍是有一种秀气。甚至于写猛兽、鸷鸟，如虎，如鹰，也只觉得可爱，而不觉得可怕。又如音乐，古乐多和平之音，而绝无发扬踔厉的精神。图书、音乐如此，其他一切的艺术无不如此。

至于有几个例外，那都是受了外来的影响。在文学作品里，如李太白的诗，如唐人出塞的诗，可说是壮美。但是他受了外来的影响，就是经过东晋、南北朝西北胡人与汉人杂居而后，中国文学界所发生的变化，这些文学作品中的壮美份子，都是西北胡人所给与汉人的。最近冯承钧且说李太白不是生于中国（见《唐代华化蕃胡考》），这话不是没有道理。在艺术作品，如万里长城的建筑，如北平宫殿的建筑，如云冈佛像的雕刻，这样的伟大，不能说不是壮美。然这些也都是受了外来的影响，云冈佛像是受了外来的影响，这是不消说的了。北平的宫殿，是建于

元代，据近人陈垣所考，当时经手建造元宫的乃是阿拉伯人（当时称为大食人）名叫也黑迭儿（见《元西域人华化考》）。陈垣所说虽只注意于元人华化方面，然我们因此确知这位经手建筑的人既为阿拉伯人，我们就可以知道元宫建筑的伟大，是受了阿拉伯的影响。我们试读一读林译的《大食故宫馀载》，就可以知道阿拉伯人建筑的规模了。万里长城呢，一般人都以为是秦始皇所造，其实并不是如此。秦始皇虽然造过长城，然今日所见的长城，乃是后来屡次扩充增修而成的，不是秦始皇时一次造成的。最后到明代还增修过。所以我们不能认为是古代的一种伟大的建筑物。

总之，就中国人的性情习惯看起来，是只会产生优美的文学作品及艺术作品，而不会产生壮美的。所有的壮美的作品，乃是例外，那是受了外来的影响。

（9）缺乏哲学思想和科学思想，外来的哲学思想及科学思想往往是文学化或艺术化了

为什么这样说呢？空说无凭，当然要举出事实来做证据。如佛学本是哲学（大概说他是哲学，不过也有宗教夹杂在里面），但是一经中国的文人学会了，就拿他来做文学的材料。如唐代的王摩诘、白香山，宋代的苏东坡都是如此。王摩诘的"一悟寂为

乐，此身闲有余"；白香山的"不如学无生，无生即无灭"；苏东坡的"秋来霜露满东园，芦菔生儿芥有孙。我与何曾同一饱，不知何苦食鸡豚！"这些思想都是从佛书中来的，然则他不是当哲学研究，只拿来当文学材料用。这是印度的哲学输入中国而文学化了。

如今连带说一说印度的宗教。原来佛像在印度本是给人供养的，但是一到了中国，就不尽然。雕刻的或是画的佛像，固然有许多人取来供养，然而也有许多人拿来当装饰品看，当古董看。岂不是已经艺术化了么？更奇怪的，所谓观音菩萨，在印度并没有说他是女性，更没有说他貌美。但是在中国的观音菩萨像，都是女性，而且是美貌的女子。这虽然也有其他的原因，但多半也是艺术化的关系。所谓其他的原因，就是说：观音本来有种种的化身，而在中国所化的是女子，所以在中国的观音像都是女性。然这不是唯一的原因，除此之外，艺术化也有些关系。不然，也只应该供养，而不应该拿来赏鉴。以上所说的话，是印度的宗教输入中国而艺术化了。

如今再说西洋的科学。最初期的诗界革命，就是拿一点西洋的科学思想，来放在中国的旧诗里。最会做这种诗的人，就是梁任公及胡适之所佩服的黄公度。他的代表作品，就是《以莲菊桃杂供一瓶作歌》。今不嫌繁冗，录他的原诗如下：

南斗在北海西流，春非我春秋非秋。人言今日是新岁，百花烂漫堆案头。主人三载蛮夷长，足遍五洲多异想。且将本领管群花，一瓶海水同供养。莲花衣白菊衣黄，天桃侧侍添红妆。双花并头一在手，叶叶相对花相当。浓如栴檀和众香，灿如云锦粉五色。华如宝衣陈七市，美如琼浆合玉食。如竞筑鼓调筝琶，蕃汉龟兹乐一律。如天雨花花满身，合仙佛魔同一室。如招海客通商船，红黄白种同一国。

一花惊喜初相见，四千余岁甫识面。一花自顾还自猜，万里绝域我能来。一花退立如局缩，人太孤高我惭俗。一花傲睨如居居，予更妩媚非粗疏。有时背面互猜忌，非我族类心必异。有时并肩相爱怜，得成眷属都有缘。有时低眉若饮泣，偏是同根煎太急。有时仰首翻踟蹰，欲去非种谁能锄？有时俯首瞋不语，无滋他族来逼处。有时微笑临春风，来者不拒何不容！众花照影影一样，曾无人相无我相。传语天下万万花，但是同种均一家。古言猗傩花无知，听人位置无差池。我今安排花愿否？拈花笑索花点首。花不能言我饶舌，花神汝莫生分别！唐人本自善"唐花"，或者并使兰花梅花一齐发。飙轮来往如电过，不日便可归支那。此瓶不干花不萎，不必少见多怪如橐驼。地球南北倘倒转，赤道逼人寒暑变；尔时五羊仙城化作海上山，亦有四时之花开满县。

即今种花术益工，移枝接叶争天功；安知莲不变桃桃不变为菊，回黄转绿谁能穷！化工造物先造质，控搏众质亦多术；安知夺胎换骨无金丹，不使此莲此桃此菊万亿化身合为一！众生后果本前因，汝花未必原花身；动物植物轮回作生死，安知人不变花花不变为人！六十四质亦么麼，我身离合无不可；质有时坏神永存，安知我不变花花不变为我。千秋万岁魂有知，此花此我相追随！待到汝花将我供瓶时，还愿对花一读今我诗。

这首诗中的思想很复杂，有印度的哲学思想，也有西洋的科学思想。读者读了他的原诗，就可知道，不必再要说明。至于黄公度《今别离》四首，和当年《新民丛报》里所载的《新游仙诗》若干首，只不过将电报、轮船、照相器等物，做文学的材料，而没有什么思想，比较的坏一些，这里不多录了。但是我们只就这一首诗，已可以看出西洋科学输入中国后的文学化了。

这种文学化，到今日已成历史上的陈迹，以后不会有人再做这样的诗了。但是西洋的科学输入中国而变为艺术化，今日还刚在开端，以后的变化如何，现在不能预测。现在单就刚在开的一点说来。请看！电灯不是由科学而产生的一种器具么？他的作用，完全是实际应用的，而不是供人玩赏的。但现在上海有些人把电灯外面再罩上一个中国式的纸灯笼，这岂不是已经艺术化了么？虽说在西洋电灯也有装饰，但是这种罩纸灯笼的装饰，却又不同，完全是要把中国的艺术加在西洋的科学上，使他另成一种风趣。像这样的事，现在只算是才开端，以后恐怕还要多哩！由这一件事，可以知道西洋的科学输入中国是怎样的艺术化了。

（10）人民缺乏政治知识

为什么说中国人民缺乏政治知识呢？只看已往的事实就可以知道。已往的事实，人民是不管政治的，不管谁来做皇帝都好，只要不胡闹，使人民能够安居乐业，已经心满意足了。对于国家所负的责任，只是纳税，把应纳的税纳完了，任便什么都不管。所享的权利，就是做太平天子的百姓，只要有太平日子过，任便什么都不知道。一般的民众是如此的。

至于知识阶级呢，一种是积极的。读了书，预备做官，替天子治天下。其实，只不过供皇帝驱使，没有几个真有政治知识。一种是消极的。遁迹深山，足迹不入城市，得失不知，理乱不闻。对于政府是不满意的，然也不想有什么改革的方法，只是置之不理。这可说是中国式的无政府主义者。

总之，一般民众和所谓知识阶级，都缺乏政治知识。不过这种情形和现代潮流是不相宜的，我们应该根据"三民主义"革除不适宜的旧思想，以立足于现代的世界。

外一种：中国八大诗人

屈灵均

（一）

中国的诗歌，发生很早。如今所流传的篇章，有尧、舜时的《击壤歌》《南风歌》等这些作品，有人说是真的，有人说是假的，也有人说连尧、舜，都没有这些人，又何况《击壤歌》和《南风歌》呢？

这些作品，是真是假，虽不可知；然但就孔子所删定的《三百篇》看，已可算是洋洋大观了。不过《三百篇》的诗，到如今虽然存在；《三百篇》的作者是谁，到如今已不可考了。而且那时候虽然有偶尔作诗的人，而没有以作诗著名的诗人。中国有专门诗人，要算是从屈原起。屈原的生卒年月、事迹、文学作品等，在今日也发生了疑问。许多名人，如胡适之、梁任公等，都细细地研究讨论过。我所见过的，有下面所列的几种。

胡适之的《读楚辞》，在《努力周报》附刊的《读书杂志》内。

梁任公的《屈原研究》，《梁任公学术讲演集》第三辑内。

谢无量的《楚辞新论》，《国学小丛书》本。

陆侃如的《屈原》，单行本。

他们四位先生，已说得很详细了，我没有再说的必要。就是再说，也不能超出他们的范围以外。不过他们四位先生，对于《楚辞》和中国诗学的关系，比较的说得太少，至多说了一句《诗经》是北方的文学，《楚辞》是南方的文学罢了。

我如今便拣他们所不曾说及的，来说一说，以补他们之缺。便是说一说《楚辞》和汉、唐以后诗学的关系。至于屈原事迹等，他们已经说过了的，我不再说。读者要知道时，可以参看他们的大作。除了胡适之《读楚辞》一篇，如今不容易购得而外，其他三种，都是很容易购买的。

（二）

屈原的事迹，我们所拿来做考证的根据的，是《史记》里的一篇《屈贾列传》。这篇传，有许多话是空话，也有许多话是不可相信的话。这话说起来很长，现在不必多说，只将谢无量考定了重做的一篇简单的《屈原小传》，录在这里，以见屈原之为人。

屈原，楚同姓。事楚怀王，颇见信任。因草宪令，被谗见疏。不久召还，参与外交事务；他的主张，是拒秦、联齐。曾出使齐国。怀王将入秦，他也力谏，不听。后怀王久留秦，楚国无主；屈原愤恨他的政策不行，作《离骚经》，有怨刺的意思。襄王即位，屈原又被谗，再放逐，在沅湘之间，九年不返。因自沉汨罗江死。

谢无量这篇简单的《屈原小传》，很为适当。读者只须读了这篇小传，差不多已经够了。不过"屈原名平，字灵均"，这几个字，是应补入的。

屈原的作品，自然是以《离骚》为主要。此外再有《卜居》《渔父》等篇。再有《九歌》，本为楚人祀神的乐歌，而屈原替他改作的。后来他的弟子宋玉、景差及汉朝贾谊等，仿他所做的作品，统名为"楚辞"。如今流传的，以王逸注的《楚辞》，为最古的本子。再后来注解的人很多，不及遍举。关于这一层，可参看胡适之的《读楚辞》第二段，及谢无量的《楚辞新论》第三章。我这里不多说了。下文单说屈原和汉、唐以后诗学的关系。

（三）

《楚辞》所包涵的第一种特点，就是说神话。《九歌》本来为祀神而作，不消说了。就是《离骚》，也有许多的神话。如云：

> 吾令羲和弭节兮，望崦嵫而勿迫。
>
> ……
>
> 前望舒使先驱兮，后飞廉使奔属。
>
> 鸾凰为予先戒兮，雷师告予以未具。
>
> 吾令凤鸟飞腾兮，继之以日夜。

又云：

> 吾令丰隆乘云兮，求宓妃之所在。

又云：

> 望瑶台之偃蹇兮，见有娀之佚女。

羲和、望舒、飞廉、丰隆、雷师等，都是后世神怪小说（如《封神传》）里的名词。宓妃、有娀佚女也是神话。《九歌》里的什么《东皇太一》，什么《湘夫人》，什么《国殇》等等，更不必说了。这些神话，是《诗经》里所绝对没有的。《诗经》里的神是天，《诗经》里的鬼是祖宗。从天与祖宗的方面演不出离奇怪诞的神话来，从东皇太一、湘夫人一方面，便可以演得出离奇怪诞的神话来了。

从此以后，中国的诗歌里，便添了许多神话。首先受屈原的影响的，就是曹子建，他的《洛神赋》，不就是神话么？

再后诗歌里夹杂神话的，要算李太白和李义山，最为显著。李太白的《梦游天姥吟》云：

……

洞天石扉，訇然中开。

青冥浩荡不见底，日月照耀金银台。

霓为衣兮风为马，云之君兮纷纷而来下。

虎鼓瑟兮鸾回车，仙之人兮列如麻。

……

李太白的"风为马""鸾回车"，不就是《离骚》里的"鸾凰为先戒""望舒（望舒风神名）先驱"么？

李义山的《嫦娥》云：

> 云母屏风烛影深，长河渐落晓星沉。
> 嫦娥应悔偷灵药，碧海青天夜夜心。

李义山的嫦娥，不就是《离骚》里的宓妃、有娀佚女之流么？

（四）

《楚辞》的第二种特点，就是说牢骚话，表现孤僻的性情。说牢骚话，在《国风》《小雅》里也有的；后人拿诗歌发牢骚，不单是受了屈原的影响。表现孤僻的性情，在《诗经》里没有的；在《楚辞》里，却随处表现出他自己孤僻的性情来。如云：

> 纷吾既有此内美兮，又重之以修能。
> 扈江蓠与辟芷兮，纫秋兰以为佩。

又云：

> 朝饮木兰之堕露兮，夕餐秋菊之落英。

苟余情其信姱以练要兮，长颇颔亦何伤。

又云：

謇吾法夫前修兮，非时俗之所服。
虽不周于今之人兮，愿依彭咸之遗则。

又云：

制芰荷以为衣兮，集芙蓉以为裳。
吾不知其亦已兮，苟予情其信芳。
高余冠之岌岌兮，长余佩之陆离。
芳与泽其杂糅兮，唯昭质其犹未亏。

诸如此类的地方很多，都是充分地表现他高洁的性情。屈原自杀，一半固由于受了环境的逼迫，一半也由于他的天性是孤僻，不和俗人相投。这种孤僻的性情，充分地在诗歌里表现出来，这是《诗经》里所没有的。或者有这样的作品，也被孔子删掉了。因为孔子要拿《诗经》做教化的工具；这样的充分表现孤僻的性情，和处世接人，很不相宜，所以一例删掉了。就是前节所说的神话，照理在初民时代的诗歌里，也不能没有。《诗经》

里没神话，一定也是被孔子删掉了。《论语》里说："子不语：怪、力、乱、神。"诗歌里的神话，那有不删去的道理呢？

自从《离骚》出现以后，屈原拿他将自己孤僻的性情，充分地表现出来。后人读了他的作品，当然要受了他的感化，犯了传染病。其中受传染病顶深的，要算是唐朝的孟东野（孟郊）、李长吉（李贺）二人。

孟郊的性情，非常寒酸；李贺的性情，非常幽怪。但看苏东坡"郊寒岛瘦"四字的批评，和后人称"长吉是鬼才"的一句话，便可以知道了。而且孟郊、李贺二人诗歌的外表，也是出于《离骚》。这是可以举他们的诗来证明的。如孟郊的《巫山高》云：

> 见尽数万里，不闻三声猿。
> 但飞萧萧雨，中有亭亭魂。
> 千载楚襄恨，遗文宋玉言。
> 至今晴明天，云结深闺门。

按《九歌》云："令飘风兮前驱，使冻雨兮洒尘；君回翔兮以下，逾空桑兮从女。"东野从这里四句，化成"但飞萧萧雨"两句。又云"云容容兮而在下，杳冥冥兮羌昼晦"，东野从这里两句，化成"至今晴明天，云结深闺门"两句，痕迹显然可见。

又东野的《独愁》云：

> 前日远别离，昨日生白发。
> 欲知万里情，晓卧半床月。
> 常恐百虫鸣，使我芳草歇。

按《离骚》云："恐鹈鴂之先鸣兮，使夫百草为之不芳。"东野从这句化成"常恐百虫鸣"两句，也极容易看得出。这样相似的地方很多，不及遍举。

再说李贺。他的《苏小小墓》一首，最容易看得出他所受的《楚辞》的影响。《苏小小墓》的诗云：

> 幽兰露，如啼眼。
> 无物结同心，烟花不堪剪。
> 草如茵，松如盖。
> 风为裳，水为佩。
> 油壁车，夕相待。
> 冷翠烛，劳光彩。
> 西陵下，风雨吹。
>
> （吹字读去声，与彩、待等字为韵，俗作"吹雨"非是。）

按这首诗，词旨凄绝，满纸鬼气，固然似《楚辞》中之《九歌》；而草茵、松盖、风裳、水佩，都是《离骚》中的字眼。

本来李长吉的诗，出于《离骚》，在以前已有许多人说过了。《渔隐丛话》曾说："李长吉诗出于《离骚》。"而杜牧所做的《长吉集序》，已经说道："使贺且未死，少加以理，奴仆命《骚》可也。"不过孟东野诗，出于《离骚》，前人却没有说过，这是我最近看出来的。大概东野的性情寒酸，长吉的性情幽怪：总之都是孤僻，都是不近人情，和屈原是一样的。

再后梅尧臣的简淡，黄庭坚的生硬，又是从孟郊、李贺变化而来的了。凡后世不近人情的个性，发表在诗歌里，多少总和屈原有些关系。

个性是天生成的，假使没有屈原也会有孟郊、李贺、梅尧臣、黄庭坚等人的个性。但是没有《离骚》，恐怕他们受了《诗经》的陶冶，潜移默化，便不会将个性表现在诗歌里。便是表现出来，也不会有这样的充分。

这种充分的表现个性，照新文学说起来，当然算是好，不算是坏。若拿诗教的眼光来看，却又不能说是好。因为充分地发展不近人情的个性，到后来变成曲高和寡，彼此不相投洽；而社会上必现出一种冷淡的状态来。这不是好现状。

两样的说法不同，到底谁是谁非，我也不敢下一句断语。

（五）

《楚辞》里的第三种特点，就是喜用艳丽的字。后来经过李义山、温飞卿、韩致尧等人的仿效，而演为后世香艳诗。义山尚有寄托，飞卿则但得浮艳；此后香艳诗，更不足道了。

后世做艳体诗的人，无论做得如何坏，无论做得如何淫荡，在自己说起来，总是开口温、李，闭口屈、宋。这可算是屈原害了他们。然屈原是"好色不淫，怨诽不乱"。后人好色而至于淫，这应是屈原所痛恨的事了。

由《楚辞》的一部，而流为后世的艳体诗，差不多人人都知道，这里不必引诗为证。

据我的观察，《楚辞》和后世诗歌的关系是如此。谢无量先生说：《楚辞》里有两种思想：一种是爱国的思想，一种是超人间的思想，也与后世的诗歌有很大的关系。他所说的超人间的思想，就是我所说的神话。他所说的爱国思想，他也有他的理由，读者可以参看。

陶渊明

（一）

在屈灵均以后的诗人，就要算陶渊明了。陶渊明生在晋朝时代，比屈灵均要后得多。他的事迹也不像屈灵均那样发生疑问。关于他的个性及文学作品等，已有了梁任公做的一本《陶渊明》，已说得很明白。

我如今所说的，也就是陶诗和后世诗学的关系，为梁任公所不曾说及的；有一二处，是对于梁任公怀疑的。

（二）

陶渊明的简单小传，就是下面那几行："陶潜，字渊明，又名元亮。晋浔阳柴桑人。大司马陶侃之曾孙。少有高趣，超绝尘俗。尝作《五柳先生传》自况。尝为彭泽令，在官才数十日，郡遣督邮至，县吏谓应束带相见，陶公叹曰：我不能为五斗米，折腰向乡里小儿。即日解印绶，赋《归去来辞》以见志。躬耕自给，安贫乐道。性喜酒，爱菊，以此自放。宋元嘉中卒，年六十三岁。（梁任公谓只五十六岁。）世号靖节先生，梁昭明太子喜读公诗文，曾编纂为集。"

这就是陶渊明的简单小传了。他详细的事迹，梁任公的《陶渊明年谱》叙得很清楚。关于他的集子的异同，梁任公的《陶集考证》也叙得很清楚。（《年谱》与《考证》，即梁任公所著的《陶渊明》书中的两部分。）关于他的个性及思想，除了随时在诗歌里表现以外，再有三篇著名的文。第一篇是《五柳先生传》，第二篇是《归去来辞》，第三篇是《桃花源记》。这三篇文，差不多读过几篇古文的人，都会晓得。就是没有见过，要去找来看，也极容易。我这里可不必转载了。

（三）

陶渊明的人格，高超冲淡，差不多人人都知道的。而梁任公以为有三点，应特别注意。第一，须知他是位极热烈、极有豪气的人。引他《咏荆轲》诗及"少时壮且厉，抚剑独行游"等句为证。第二，须知他是位缠绵悱恻、最多情的人。引他的《祭程氏妹文》《祭从弟敬远文》《与子俨等疏》，及《移居》《停云》等诗为证。第三，须知他是位极严正、道德责任心极重的人。引他的《荣木诗》，及"少年罕人事，游好在六经。行行向不惑，淹留竟无成"等诗为证。梁任公以为这三项，都是陶渊明全人格中潜伏的特性；而他的做人，以儒学为立脚地，而与当时的玄学、佛学相融化，生出他自己独得的人生见解来，造成他的人格，表现在他的文学里。

拿这几句简单的话，评论陶渊明，差不多已经够了。而我以为再简单地说一句，就是陶渊明的人格和文学作品都是与自然同化。说一句时髦话：陶渊明可算是中国的泰戈尔。读者不信，细读两人的作品，便可以知道了。

（四）

陶渊明胸次高绝，包罗万象：胸中元气流露，自然成文。在那时可说是集诗歌之大成。凡晋以前诗歌实质上所有之特点，渊明无不有了；而又能造成一种与自然同化的创作。前节所说的表现在诗歌里的三种特点，固然不错，然这种特点，不过是偶一流露罢了。究竟渊明诗歌的本色，还是《九日闲居》《归田园居》《饮酒》等诗。《九日闲居》云：

世短意常多，斯人乐久生。

日月依辰至，举俗爱其名。

露凄暄风息，气澈天象明。

往燕无遗影，来雁有余声。

酒能祛百虑，菊为制颓龄。

如何蓬庐士，空视时运倾？

尘爵耻虚罍，寒华徒自荣。

敛襟独闲谣，缅焉起深情。

栖迟固多娱，淹留岂无成。

《归园田居》，原有六首，然末首疑是伪托。其他五首云：

少无适俗韵，性本爱丘山。

误落尘网中，一去三十年。

羁鸟恋旧林，池鱼思故渊。

开荒南野际，守拙归园田。

方宅十余亩，草屋八九间。

榆柳荫后檐，桃李罗堂前。

暧暧远人村，依依墟里烟。

狗吠深巷中，鸡鸣桑树巅。

户庭无尘杂，虚室有余闲。

久在樊笼里，复得返自然。

野外罕人事，穷巷寡轮鞅。
白日掩荆扉，虚室绝尘想。
时复墟曲中，披草共来往。
相见无杂言，但道桑麻长。
桑麻日已长，我志日已广。
常恐霜霰至，零落同草莽。

种豆南山下，草盛豆苗稀。
侵晨理荒秽，带月荷锄归。
道狭草木长，夕露沾我衣。
衣沾不足惜，但使愿无违！

久去山泽游，浪莽林野娱。
试携子侄辈，披榛步荒墟。
徘徊丘陇间，依依昔人居。
井灶有遗处，桑竹残朽株。
借问采薪者：此人皆焉如？
薪者向我言：死没无复余！
一世异朝市，此语真不虚！

人生似幻化，终当归空无。

怅恨独策还，崎岖历榛曲。
山涧清且浅，遇以濯吾足。
漉我新熟酒，只鸡招近局。
日入室中暗，荆薪代明烛。
欢来苦夕短，已复至天旭。

《饮酒》一共也有二十首，今摘录六首如下：

道丧向千载，人人惜其情。
有酒不肯饮，但顾世间名。
所以贵我身，岂不在一生！
一生复能几？倏如流电惊。
鼎鼎百年内，持此欲何成？

结庐在人境，而无车马喧。
问君何能尔？心远地自偏！
采菊东篱下，悠然见南山。
山气日夕佳，飞鸟相与还。
此中有真意，欲辩已忘言。

秋菊有佳色，裛露掇其英。

泛此忘忧物，远我遗世情。

一觞虽独进，杯尽壶自倾。

日入群动息，归鸟趋林鸣。

啸傲东轩下，聊复得此生。

青松在东园，众草没其姿。

凝霜殄异类，卓然见高枝。

连林人不觉，独树众乃奇。

提壶挂寒柯，远望时复为。

吾生梦幻间，何事绁尘羁！

清晨闻叩门，倒裳往自开。

问子为谁欤？田父有好怀。

壶浆远见候，疑我与时乖。

褴褛茅檐下，未足为高栖。

一世皆尚同，愿君汩其泥！

深感父老言，禀气寡所谐。

纡辔诚可学，违己讵非迷！

且共欢此饮，吾驾不可回！

故人赏我趣，挈壶相与至。

班荆坐松下，数斟已复醉。

父老杂乱言，觞酌失行次。

不觉知有我，安知物为贵。

悠悠迷所留，酒中有深味！

又《读山海经》发端一首，写幽居自得之趣，俯仰宇宙，自乐其乐，亦是渊明本色。诗云：

孟夏草木长，绕屋树扶疏。

众鸟欣有托，吾亦爱吾庐。

既耕亦已种，时还读我书。

穷巷隔深辙，颇回故人车。

欢言酌春酒，摘我园中蔬。

微雨从东来，好风与之俱。

泛览《周王传》，流观《山海图》。

俯仰终宇宙，不乐复何如？

（五）

　　渊明的诗歌，既集晋以前之大成，自成一家；而又为后世隐逸之宗。

　　"为古今隐逸之宗"，这句话本来是钟嵘《诗品》里说的。我起初也不信钟嵘的话，以为像陶渊明这样包罗万象，怎么仅仅地说他是隐逸之宗呢？后来仔细研究，钟嵘的话，也不曾错。隐逸二字，固不能包括陶渊明的诗歌，然后世山林隐逸的诗歌，多导源于渊明。在渊明以前，写田园生活，及写山林隐居之乐的诗歌，实在少见。除《豳风》是写田园生活，《考槃》是写隐居之乐而外，从《三百篇》以及晋代，竟少见这样的作品。自陶渊明以后，便多了。所以钟嵘"为古今隐逸之宗"这句话，并没有说错。不过我们不要看错，他是说后世隐逸之诗，都是宗陶渊明；不是说隐逸二字，可以包括陶渊明。

　　在渊明以前，虽然也有作旷达语的诗人，然而他们的旷达，乃是富贵人纵欲行乐的旷达，和渊明从淡泊中寻真乐不同。如《古诗十九首》中之第四首云：

　　　　今日良宴会，欢乐难具陈！
　　　　弹筝奋逸响，新声妙入神。

令德唱高言，识曲听其真。

齐心同所愿，含意俱未伸。

人生寄一世，奄忽若飙尘。

何不策高足，先据要路津？

无为守穷贱，轗轲长苦辛？

又《古诗十九首》之第十五首云：

生年不满百，常怀千岁忧。

昼短苦夜长，何不秉烛游？

为乐当及时，何能待来兹？

愚者爱惜费，但为后世嗤！

仙人王子乔，难可与等期。

又曹操的《短歌行》云：

对酒当歌，人生几何？

譬如朝露，去日苦多。

慨当以慷，忧思难忘。

何以解忧？唯有杜康。

他们的见解，何尝不旷达？然只以纵欲行乐为务，何曾知道在淡泊中寻找真乐趣？能知在淡泊中寻真乐的，要算陶渊明了。

（六）

后世宗渊明的诗人很多，最著名的，就是唐朝王、孟、韦、柳、储五家。王是王维，孟是孟浩然，韦是韦应物，柳是柳宗元，储是储光羲。五家皆宗渊明，而因个性及环境不同，只各得着渊明的一偏。

沈归愚有一句话，评论得最为切当。他说：王得其清腴，孟得其闲远，韦得其冲和，柳得其峻洁，储得其真朴。同时及再后，山林隐逸之诗，大概都不能超出这范围以外。这五家又皆出于渊明合五个人的长处，而并成渊明一个人的长处，怪不得锺嵘称他是隐逸之宗了。今将五家的诗，各录一二首在下面，以资参考。

王维的《渭川田家》云：

斜阳照墟落，穷巷牛羊归。

野老念牧童，倚杖候荆扉。

雉雊麦苗秀，蚕眠桑叶稀。

田夫荷锄至，相见语依依。

即此羡闲逸，怅然吟《式微》。

又《春中田园作》云：

屋上春鸠鸣，村边杏花白。

持斧伐远杨，荷锄觇泉脉。

归燕识故巢，旧人看新历。

临觞忽不御，惆怅远行客。

又《新晴野望》云：

新晴原野旷，极目无氛垢。

郭门临渡头，村树连溪口。

白水明田外，碧峰出山后。

农月无闲人，倾家事南亩。

孟浩然的《宿业师山房期丁大不至》云：

夕阳度西岭，群壑倏已暝。

松月生夜凉，风泉满清听。

樵人归欲尽，烟鸟栖初定。

之子期宿来，孤琴候萝径。

又《秋登万山寄张五》云：

北山白云里，隐者自怡悦。

相望始登高，心随雁飞灭。

愁因薄暮起，兴是清秋发。

时见归村人，平沙渡头歇。

天边树若荠，江畔洲如月。

何当载酒来，共醉重阳节。

韦应物的《夕次盱眙县》云：

落帆逗淮镇，停舫临孤驿。

浩浩风起波，冥冥日沉夕。

人归山郭暗，雁下芦洲白。

独夜忆秦关，听钟未眠客！

又《初发扬子寄元大校书》云：

凄凄去亲爱，泛泛入烟雾。

归棹洛阳人，残钟广陵树。

今朝为此别，何处还相遇？

世事波上舟，沿洄安得住！

又《东郊》云：

吏舍局终年，出郭旷清曙。

杨柳散和风，青山澹吾虑。

依丛适自憩，缘涧还复去。

微雨霭芳原，春鸠鸣何处？

乐幽心屡止，遵事迹犹遽。

终罢斯结庐，慕陶直可庶。

柳宗元的《雨后晓行独至愚溪北池》云：

宿云散洲渚，晓日明村坞。

高树临清池，风惊夜来雨。

予心适无事，偶此成宾主。

储光羲的《牧童词》云：

不言牧田远，不道牧坡深。

所念牛驯扰，不乱牧童心。

圆笠覆我首，长蓑被我襟。

方将忧暑雨，亦以惧寒阴。

大牛隐层坡，小牛穿近林。

同类相鼓舞，触物成讴吟。

取乐须史间，宁问声与音。

（七）

五家以外，再有唐朝白居易的闲适诗，也是从陶渊明来的。
再有宋朝苏轼，更是一个著名佩服陶渊明的人。他的天才豪放，
有些像李太白，作诗学陶渊明，而又参以禅理，便造成他自己的
一种诗派。（在白香山、苏东坡两篇内再细说。）再后有明末的
钱秉镫，也是一位佩服陶渊明的诗家，他的诗也有一部分是从陶
渊明来的。看他的《田园杂兴》诗，便可以知道了。诗道：

春天久不晴，衣垢及时浣。

身上何所著？敝襦及骭短。

家人念我寒，一杯为斟满。

酒满不可多，农事不可缓。

奋身田野间，襟带忽以散。

乃知四体勤，无衣亦自暖。

君看狐貉温，转使腰肢懒。

以上不过拣著名的诗人而言，其他不著名的，更不胜枚举。照此看来，可见陶渊明的诗，影响于后世的诗歌之深了。

（八）

梁任公先生所做的一本《陶渊明》，大概是很好。我读了以后，觉得很满意。同时有一两处怀疑的地方，也把他写在这里。

第一点，他说："后来诗家描写田舍生活的也不少，但多半像乡下人说城市事，总说不到真际。生活总要实践的才算，养尊处优的士大夫，说什么田家风味，配吗？渊明只把他的实历实感写出来，便成为最亲切有味之文。"这番话，批评渊明固然不错；若说渊明以外的诗家，描写田舍生活，多半像乡下人说城市事一般，未免太抹杀了后世的诗人。后世的诗人，亲身经历田园生活，而写他实历实感的，像前面第七节所引的钱秉镫《田园杂兴》一首，又何尝不亲切呢？这样的诗，在宋以前确是较少，在宋以后便多了。宋时陆放翁、范石湖、杨诚斋的诗，尤有大部分是这样的。且待后面说到陆放翁时，再引诗为证，这里不能多引了。

第二点，他常引渊明《拟古》及《杂诗》的句子，来代表渊明的品格。我窃以为在渊明诗中，《拟古》及《杂诗》已不是渊明的本来面目。因为题目叫做"拟古"，就是他摹仿汉魏人的神气而做的，何尝是他的真面目呢？好像后世人拟杜、拟李一般。这等诗决不能表现他自己的个性。至于《杂诗》，也是这样。《杂诗》这个题目，是魏晋以来的诗人沿用的。魏，曹植、徐幹、应璩，晋，嵇康、张华、傅玄等许多人，都有《杂诗》。《杂诗》成了一个公用的题目，也就差不多是一种体裁；无论何人做的《杂诗》，都有些差不多。渊明的《杂诗》，也是一样。换一句话说，《杂诗》也就等于《拟古》。所以在渊明诗集里，《拟古》与《杂诗》，当另外看，不能和其他的诗一例而论。引《拟古》及《杂诗》以代表他的品格，略有些不实在。

第三点，他说渊明高隐，只为看不过当日仕途的混浊，不屑与那些热官为伍。若说所争在什么姓司马的，姓刘的，未免把他看小了。梁先生的这番话，固然可以抬高渊明的品格，扩充读者的胸襟，然实际并不是如此。不错！渊明固然为着看不过当日的仕途混浊，不屑与热官为伍。然姓司马与姓刘的界限，渊明并不能完全打破。因为他本是个儒家出身，儒家讲名教，什么君不君的问题，须要讲究。渊明虽然胸襟高超，然在那时，什么"伯夷叔齐，义不食周粟"的观念，是有的。须知他不是生在今日，若在今日，三岁小孩子，也知道姓司马的与姓刘的，不值得争论了。若说渊明弃官，在刘裕篡晋以前，可证明他没有"姓司马的姓刘的"成见。这话也不确，因为渊明弃彭泽令，又是一件事；终身高隐，又是一件事。他弃官固然为着仕途混浊，然"姓司马的姓刘的"成见，终不曾忘却。读者不要笑我这话是腐败！须知评论古人，自当这样说；不能戴了现代的眼镜，去看古人。

第四点，他说建安七子的一段话，也有些和事实不符。这是旁的问题，和陶渊明无关，这里不多说了。

李太白

（一）

陶渊明说完以后，就要说李太白了。在渊明以后，太白以前，经过一个所谓南北朝及初唐的时期。这个时期，乃是中国诗学堕落的时期。著名的诗人，如南徐、北庾、初唐四杰等，都是在文字的表面上做功夫，把实质完全忘记了。甚么平仄声啦，甚么诗韵啦，都产生于南北朝的时候。这个时代，可算诗学受束缚的时代。束缚过分了，不得不发生解放的运动，于是有陈子昂、张九龄出来，做个诗学革命的先驱；再后复产生李白、杜甫二人，而诗学革命，便告成功了。

今日谈中国诗学的人，无人不知道唐诗；谈唐诗的人，无人不知道李、杜。他们二人，可算中国诗学界顶著名的人。二人虽然生在同时，却是人格和诗歌作品，都是绝不相同的。照旧文学家说：李恃天才，杜恃人工。照新文学说：我以为李是浪漫，杜是写实。两种说法，在表面上虽然不同，在实际上就是一样。因为非天才超逸，不能做浪漫的作品；非人工深刻，也不能做写实的作品。若说到两家的渊源，也可说是集诗学的大成。从《离骚》以至南北朝名人的长处，他们都能容纳一些；又却能不落摹仿的痕迹，而别有自家的面目，这就是叫做能够融化了。关于杜甫的话，下章再说，现在先说李白。

（二）

李白，字太白。先世在隋末谪居西域，后来逃还巴西，便为蜀人。少年倜傥不群，喜纵横之术，击剑任侠，尝手刃数人。又好神仙。五六岁时，能诵《六甲》。二十后出游湘、楚，至长安；为贺知章所赏识，称他天上谪仙人，从此名满京师。官翰林。玄宗召他在宫中赋诗，饮酒沉醉，举足令高力士脱靴。高力士深恨了他，在杨贵妃前，说他坏话，便被玄宗疏远了。这时太白是四十四岁。第二年，赐金放归，乃浪迹河洛、梁园，而至广陵。玄宗天宝十四年，安禄山反，乱事纷起，太白由广陵渡江南奔。这时永王璘举兵起事，太白曾帮助他。后来璘兵败了，太白连累入狱，定了死罪。幸亏他从前认识郭子仪于行伍之中，脱了子仪的罪；这时郭子仪贵了，力保太白，才免了一死。因此流放到夜郎去。不久被赦回来，浪游金陵、宣城一带。年六十二岁，卒于当涂。后世野史上说："李白着宫锦袍，游采石江中，傲然自得，旁若无人。因醉入水捉月而死。"这话不是无因。不过李华所做的墓志，魏颢所做的《李翰林集序》，李阳冰所做的《草堂集序》，皆没有说起他是堕江溺死的。恐怕是讳言罢了。

（三）

以上所说的，就是太白简单的小传了。在这区区数行字内，已可看得出他的平生。关于他详细的事迹，有近人做的一篇《李白研究》，中有一部分，是李白的年谱，可以参看（在武昌师范大学《文史地杂志》一卷一期内）。关于太白的个性，和他诗歌的渊源，那篇《李白研究》里也说得很详细。我这里为免重复起见，我的意见和他相同的，也不多说了，但略说一些。而于他所未备的再说一些。

魏颢在《李翰林集序》上，有几句话道："眸子炯然，哆如饿虎。时或束带，风流蕴藉。曾受道箓于齐，有青绮冠帔一幅。"这几句话，恍如画出一个李太白的小像来。参以上节所记的"喜纵横"，"击剑任侠"，"手刃数人"，"好神仙"，"诵《六甲》"，"令高力士脱靴"，"识郭子仪于行伍之中……"等事看来，便可以知道他是个怎样的人了。拿简单的话来说一句：就是他合仙与侠而为一人。飘忽不羁，尘世一切的事，他都不看在眼里。

他是这样一个人，他的诗歌，也能充分地表现他的个性。我们但看他为人，便可以知道他的诗，是怎样的诗了。

（四）

我如今说到他的诗歌，先将他和陶渊明并论。陶渊明在汉魏以后，而能扫除一切的虚伪。李太白在南北朝、初唐以后，而能解除一切的束缚，这是他们相同的一点。后人说，太白出于陶渊明，而杜甫出于庾子山，这话不是无因的。此外两人个性似相同而实不同的地方，可说明如下。

陶渊明喜欢喝酒，李太白也喜欢喝酒：这是相同的。然渊明是"偶有名酒，无夕不饮；顾影独尽，忽焉复醉"（《饮酒·诗序》）；而太白便是"划却君山好，平铺湘水流。巴陵无限酒，醉杀洞庭秋"了。渊明是"性嗜酒，家贫不能恒得，亲旧知其如此，或置酒而招之。造饮辄尽，期在必醉，既醉而退，曾不吝情去留"（《五柳先生传》）；而太白便是"落花踏尽游何处？笑入胡姬酒肆中"了。渊明以诗歌自娱，太白也以诗歌自娱。然渊明是"尝著文章自娱，颇示己志"（《五柳先生传》）；而太白便是"兴酣落笔摇五岳，诗成啸傲凌沧洲"了。

陶渊明胸襟高超，不把势利放在眼里；太白也胸襟高超，不把势利放在眼里。然渊明是不为五斗米折腰，解印而去；太白便要命高力士脱靴了。

陶渊明有豪侠气，太白也有豪侠气。然渊明只不过在《拟古》诗中，略说几句"少时壮且厉，抚剑独游行"的话，太白便说"感君恩重许君命，太山一掷轻鸿毛"了，又说"安得倚天剑，跨海斩长鲸"了。

陶渊明有超人间的思想，太白也有超人间的思想。然陶渊明不过是托之于"桃花源"，太白便要说"西来青鸟东飞去，愿寄一书谢麻姑"了，又说"遥见仙人彩云里，手把芙蓉朝玉京"了。前人说：渊明中庸，太白狂者。这两句话，实在不错。我以为渊明的浩然元气，似孟子；太白的汪洋恣肆之文，似庄子。根本的差别：一个是以儒学为立脚地，一个是合仙与侠而为一人。

仙是浪漫，侠也是浪漫，所以李太白的歌诗，可说完全是浪漫派。

（五）

再说一说李白与杜甫。他们两人，同时而齐名，所以后人拿他们并称。不过李恃天才，杜恃人工，两人绝不相同的。杜甫称李白说："清新庾开府，俊逸鲍参军。"这也恐怕是老杜拿主观的眼光去看太白罢。

在太白的诗集里，固然可以寻得出他的渊源来，自《离骚》以下，以至于最近的陈子昂，无不是太白诗歌的渊源；然我以为太白究竟靠自己的天才，偶然读了古人的诗歌，自己落笔做起来，也便相像，并不是从前人的诗歌里苦学而来的。所以他哪些诗是从《离骚》来，哪些诗是从汉魏人来，都不是重要的问题，我在这里不多说了。（《李白研究》一篇里，说得很多。）若是杜甫，学古人的工夫，却比李白要深些。

（六）

再说太白与谢朓及陈子昂。在太白自己的诗里，常常说起谢朓来，如云："明发新林浦，空吟谢朓诗。"如云："解道澄江静如练，令人长忆谢玄晖。"如云："谁念北楼上，临风怀谢公！"他又曾登华岳落雁峰，说道：恨不携谢朓惊人句一问青天耳。（见《新唐书·文艺传》）他这样地倾倒谢朓，所以王渔洋说他"一生低首谢宣城"了。

李白和陈子昂，住在相近的地方（子昂是射洪人），而子昂生在李白稍前一点；因地理和时代的关系，太白很有些地方，受了子昂的影响。所以朱子说："古风两卷，多效陈子昂，亦有全用其句处。太白去子昂不远，其尊慕之如此。"

我以为太白倾倒谢朓，是他晚年到了宣城时所有的观念；他尊慕子昂，乃是他少年在蜀中时的观念。太白和他们两人，虽然有关，然他们二人影响于太白并不深。这两层在太白的诗里，不很重要，太白自有他自己的面目。

（七）

太白的诗，多不胜录，现在拣简短的，略录几首在这里，以见一斑：

《月下独酌》云：

> 花间一壶酒，独酌无相亲。
>
> 举杯邀明月，对影成三人。
>
> 月既不解饮，影徒随我身。
>
> 暂伴月将影，行乐须及春。
>
> 我歌月徘徊，我舞影零乱。
>
> 醒时同交欢，醉后各分散。
>
> 永结无情游，相期邀云汉。

《望终南山，寄紫阁隐者》云：

出门见南山，引领意无限。

秀色难为名，苍翠日在眼。

有时白云起，天际自舒卷。

心中与之然，托兴每不浅。

何当造幽人，灭迹栖绝巘。

《春日醉起言志》云：

处世若大梦，胡为劳其生。

所以终日醉，颓然卧前楹。

觉来盼庭前，一鸟花间鸣。

借问此何时？春风语流莺。

感之欲叹息，对酒还自倾。

浩歌待明月，曲尽已忘情。

《金乡送韦八之西京》云：

客自长安来，还归长安去。

狂风吹我心，西挂咸阳树。

此情不可道，此别何时遇？

望望不见君，连山起烟雾。

以上各诗，绝似渊明。然"有时白云起……""狂风吹我心……"等句，飘忽不羁，而绝无含蓄，处处看得出太白和渊明不同。若太白的七言，那更不同了。如《古有所思》云：

> 我思仙人乃在碧海之东隅。
>
> 海寒多天风，白波连山倒蓬壶。
>
> 长鲸喷涌不可涉，抚心茫茫泪如珠。
>
> 西来青鸟东飞去，愿寄一书谢麻姑！

《金陵酒肆留别》云：

> 风吹柳花满店香，吴姬压酒劝客尝。
>
> 金陵子弟来相送，欲行不行各尽觞。
>
> 请君试问东流水，别意与之谁短长？

《宣州谢朓楼饯别校书叔云》云：

> 弃我去者，昨日之日不可留；
>
> 乱我心者，今日之日多烦忧。
>
> 长风万里送秋雁，对此可以酣高楼。
>
> 蓬莱文章建安骨，中间小谢又清发。

俱怀逸兴壮思飞，欲上青天揽明月。

抽刀断水水更流，举杯销愁愁更愁。

人生在世不称意，明朝散发弄扁舟！

《行路难》云：

金樽清酒斗十千，玉盘珍羞值万钱，

停杯投箸不能食，拔剑四顾心茫然。

欲渡黄河冰塞川，将登太行雪满山。

闲来垂钓碧溪上，忽复乘船梦日边。

行路难！行路难！多歧路，今安在？

长风破浪会有时，直挂云帆济沧海。

这几首诗，最足以表现得出太白的特色。

他就是很简单的四句绝诗，也是这样。如《敬亭山独坐》云：

众鸟高飞尽，孤云独去闲。

相看两不厌，只有敬亭山。

又如《下江陵》云：

朝辞白帝彩云间，千里江陵一日还。

两岸猿声啼不住，轻舟已过万重山。

《送孟浩然之广陵》云：

故人西辞黄鹤楼，烟花三月下扬州。

孤帆远影碧空尽，唯见长江天际流。

就是这几首小诗，看他是何等胸襟啊！

（八）

李太白以后，像他一路的诗人，简直是少有。只有苏东坡，有些像他。这里另有一篇说苏东坡，那时候再细说。此外有高青丘，他的诗也略似太白，把他附在太白后面，略说几句。

高青丘，名启，字季迪。明初长洲人。元末，避张士诚之乱，移居在松江的青丘地方，因号青丘子。明太祖洪武初年，诏修《元史》。后因文字狱，被杀。年三十九岁。他的诗在明初，和杨（基）、张（羽）、徐（贲）并称；然其他三人，皆不及高启。他的才气奔放，似太白处，只看他《登金陵雨花台望大江》，可见一斑。诗云：

大江来从万山中，山势尽与江流东。

钟山如龙独西上，欲破巨浪乘长风。

江山相雄不相让，形胜争夸天下壮。

秦皇空此瘗黄金，佳气葱葱至今王。

我怀郁塞何由开？酒酣走上城南台。

坐觉苍茫万古意，远自荒烟落日之中来。

石头城下涛声怒，武骑千群谁敢渡？

黄旗入洛竟何祥？铁锁横江未为固！

前三国，后六朝，草生宫阙何萧萧！

英雄乘时务割据，几度战血流寒潮。

我今幸逢圣人起南国，祸乱初平事休息；

从今四海永为家，不用长江限南北。

杜子美

（一）

和李白同时而齐名的诗人，便是杜甫，然一个是浪漫，一个是写实，这些话在前面已经说过了。关于杜甫的诗，在旧文学家评论起来，只拿气魄雄厚、格律谨严等话来恭维他。就是说他的实质上的好处，也不过说他将忠君爱国之忱，一一发表于诗里。然格律谨严这四个字，拿新文学的眼光看起来，不但是毫无价值，而且是最可厌的一件事。忠君和褊狭的爱国（当时候的国，就是帝王家的产业），也是已过去的道德，所谓因时代的关系，已失去他的价值了。我以前也是这样的见解。如今细看他的作品，却又不然了。

近人对于杜甫的诗，做一种有系统的研究，而寻出他的真价值来，有梁任公先生所做的一篇《情圣杜甫》（在《梁任公学术讲演集》第一辑内）。只看情圣二字的题目，便可知道他对于杜甫，以为是一个感情极丰富的诗人了。然我以为凡是诗人，感情都比常人要丰富。因为诗是偏于感情的，感情不丰富，便不能成为诗人。凡是诗人，他发挥感情的技能（如诗为发挥感情的技能之一种），都比常人要好，否则也不能成为诗人。所以拿情圣二字来表示杜甫的诗，和其他诗人不同处，固然可以说，但终觉得有一些不切当。

我以为杜诗真正的价值，永久不能消灭的，还是新文学里所说的写实二字。所以决然拿写实派的诗家六个字来称他，使读者从这一点去寻找杜诗的好处。（按梁任公也称他是半写实派。参看《情圣杜甫》。）

（二）

杜甫，字子美。他的先人，本襄阳人，后徙居河南巩县。他的祖父，就是杜审言，也是有名的诗人。杜甫生当唐玄宗开元之初，早年漫游四方，和李太白等诗人都是好朋友。中年遇安禄山之乱，从京师逃到甘肃的灵武地方；谒见肃宗，补了个左拾遗之职。不久，告假回家，遇着饥荒，在路上几乎饿死了。后来流落到四川，依靠故人严武；严武死后，四川大乱，他又逃

难，从四川到湖南。寓居耒阳，尝至岳庙，遇着大水，十几天没
饭吃。耒阳令聂君，听见这消息，亲自驾舟去救他出来。在大历
五年夏间，卒于耒阳。年五十九岁。他有兄弟和妹子，都因乱离
的缘故，难得见面。（梁任公说他有两个兄弟，一个妹子。然杜
集中有《远怀舍弟颖、观等》《得舍弟观书自中都已达江陵赋诗
即事》《第五弟丰独在江左无消息寄二首》等篇。可见子美不止
两个兄弟。）（又按《钱注杜诗》说，甫有四弟：曰颖，曰丰，
曰观，曰占。）他和他的夫人杨氏，也常常不见面的。他有几个
儿女，因饥荒竟饿死了。剩下两个儿子，名叫宗文、宗武，于杜
甫死后，也漂泊在湖湘间。（《旧唐书·文苑传》说："儿女饿
殍者数人。"梁任公于《情圣杜甫》的第二节说"他有一个小儿
子，因饥荒饿死"，大约是根据杜诗"幼子饿已卒"一句而说
的。照《旧唐书·文苑传》说，可知他于幼子之外，再饿死了女
儿。）

　　杜甫的境遇是如此的，他将国家乱离之感、骨肉分散之情，
一一写在他诗里。所以人家又称他的诗叫诗史。这样的诗，在他
诗集里，多不胜举。他又有最著名的一首《佳人》，可算是借佳
人替他自己写照。一方面写出他的境遇，一方面也表现出他的人
格来。那《佳人》诗道：

　　　　绝代有佳人，幽居在空谷。

自云良家子，零落依草木。

关中昔丧乱，兄弟遭杀戮。

官高何足论，不得收骨肉。

世情恶衰歇，万事随转烛。

夫婿轻薄儿，新人美如玉。

合昏尚知时，鸳鸯不独宿。

但见新人笑，那闻旧人哭？

在山泉水清，出山泉水浊。

侍婢卖珠回，牵萝补茅屋。

摘花不插发，采柏动盈掬。

天寒翠袖薄，日暮倚修竹。

这首诗借佳人比他自己，可说是一首绝妙的象征派的诗。他的性情、境遇，都可以从这首诗里看出来了。

（三）

杜诗真正的好处，就是写实，在前面已经说过了。如今且看他的写实的作品。他于自己家庭的状况，描写得很忠实，如《同谷七歌》之一云：

有客有客字子美，白头乱发垂过耳。

岁拾橡栗随狙公，天寒日暮山谷里。

中原无主归不得，手脚冻皴皮肉死。

……

《同谷七歌》之二云：

长镵长镵白木柄，我生托子以为命。

黄精无苗山雪盛，短衣数挽不掩胫。

此时与子空归来，男呻女吟四壁静。

……

《百忧集行》云：

忆年十五心尚孩，健如黄犊走复来。

庭前八月梨枣熟，一日上树能千回。

即今倏忽已五十，坐卧只多少行立。

强将笑语供主人，悲见生涯百忧集。

入门依旧四壁空，老妻睹我颜色同。

痴儿未知父子礼，怒叫索饭啼门东。

前四句写自己儿时的状况，末二句写他儿子的状况，都十分忠实，能画出无知无识的小孩子的状态来。又如《茅屋为秋风所破歌》云：

八月秋高风怒号，卷我屋上三重茅。

茅飞渡江洒江郊，高者挂罥长林梢，下者飘转沉塘坳。

南村群童欺我老无力，忍能对面为盗贼。

公然抱茅入竹去，唇焦口燥呼不得，归来倚杖自叹息！

俄顷风定云墨色，秋天漠漠向昏黑。

布衾多年冷似铁，娇儿恶卧踏里裂。

床头屋漏无干处，雨脚如麻未断绝。

自经丧乱少睡眠，长夜沾湿何由彻。

……

村童对面为盗贼，和娇儿恶卧等情形，亏他写得出。又如《彭衙行》云：

……

痴女饥咬我，啼畏虎狼闻。

怀中掩其口，反侧声愈嗔。

小儿强解事，故索苦李餐。

一旬半雷雨，泥泞相牵攀。

既无御雨备，径滑衣又寒。

有时经契阔，竟日数里间。

野果充糇粮，卑枝成屋椽。

……

故人有孙宰，高义薄曾云。

延客已曛黑，张灯启重门。

暖汤濯我足，剪纸招我魂。

从此出妻孥，相视泪阑干。

众雏烂漫睡，唤起沾盘飧。

这一段是写他全家逃难的状况，何等的实在啊！

他再有一首《赠卫八处士》的诗，写朋友聚会的情形，也历历如画。诗云：

人生不相见，动如参与商。

今夕复何夕，共此灯烛光。

少壮能几时，鬓发各已苍。

访旧半为鬼，惊呼热中肠！

焉知二十载，重上君子堂。

昔别君未婚，儿女忽成行。

怡然敬父执，问我来何方？

问答乃未已，驱儿罗酒浆。

夜雨剪春韭，新炊间黄粱。

主称会面难，一举累十觞。

十觞亦不醉，感子故意长。

明日隔山岳，世事两茫茫。

（四）

他写那时候的社会现状，有著名的六首诗，叫做"三吏""三别"。便是《新安吏》《潼关吏》《石壕吏》各一首，《新婚别》《无家别》《垂老别》各一首。今拣《石壕吏》《垂老别》两首，录在后面，以见一斑。《石壕吏》云：

暮投石壕村，有吏夜捉人。

老翁逾墙走，老妇出看门。

吏呼一何怒！妇啼一何苦！

听妇前致词："三男邺城戍。

一男附书至，二男新战死。

存者且偷生，死者长已矣！

室中更无人，惟有乳下孙。

有孙母未去，出入无完裙。

老妪力虽衰，请从吏夜归！

急应河阳役，犹得备晨炊。"

夜久语声绝，如闻泣幽咽。

天明登前途，独与老翁别。

《垂老别》云：

四郊未宁静，垂老不得安。

子孙阵亡尽，焉用身独完！

投杖出门去，同行为辛酸。

幸有牙齿存，所悲骨髓干。

男儿既介胄，长揖别上官。

老妻卧路啼，岁暮衣裳单。

孰知是死别，且复伤其寒。

此去必不归，还闻劝加餐。

土门壁甚坚，杏园度亦难。（按：土门、杏园皆地名）

势异邺城下，纵死时犹宽。

人生有离合，岂择衰老端。

忆昔少壮日，迟回竟长叹！

万国尽征戍，烽火被冈峦。

积尸草木腥，流血川原丹。

何乡为乐土？安敢尚盘桓！

弃绝蓬室居，塌然摧肺肝。

　　读这两首诗，可以见当时乱离的状况。此外再有《兵车行》《哀王孙》等篇，也是差不多的作品。这里不多录了。

（五）

　　他的写实，不但是善于写大事，而且善于写细事。就是对于寻常的景物，如一草一木，写在他诗里，也写得非常忠实。如《秋雨叹》云："禾头生耳黍穗黑。"如《青阳峡》云："林回峡角来，天窄壁面削。"都刻画入微。不过这样的诗，在律诗里尤多；而形容景物的地方，不过是只在一两个字；如今的读者，往往忽略过了。我如今且举前人的两段话，来说明这一层。王安石《钟山语录》云：

　　"暝色赴春愁"，下得赴字最好。若下起字，即小儿语也。"无人觉来往，疏懒兴何长"，下得觉字大好。足见吟诗要一字两字工夫也。（按：此数句皆杜诗。）

叶梦得《石林诗话》云：

老杜"细雨鱼儿出，微风燕子斜"，此十字殆无字虚设。细雨着水面为沤，鱼常上浮而淰；若大雨，则伏而不出。燕体轻弱，风猛则不胜；惟微风反受以为势，故又有"轻燕受风斜"之句。至若"穿花蛱蝶深深见，点水蜻蜓款款飞"，深深字若无穿字，款款字若无点字，则无以见其精微如此。然读之浑然，全是未尝用力，此所以不碍其气格超胜。

欧阳修《六一诗话》云：

……陈公时偶得杜集旧本，文多脱误，至《送蔡都尉诗》云："身轻一鸟。"其下脱一字。陈公因与数客各用一字补之。或云疾，或云落，或云起，或云下，莫能定。其后得一善本，乃是"身轻一鸟过"。陈公叹服，以为虽一字，诸君亦莫能到也。

以上这些话，在旧诗家说，算是练字。其实不是练字。在新诗家说，算是艺术上的工夫，很不重要。其实也不是艺术上的工夫，乃是深刻的观察，实在的描写。描写景物，到这样的深刻，在新诗里，我只看见胡适之的《湖上》一首。他的诗道：

> 水上一个萤火，
>
> 水里一个萤火，
>
> 平排着，
>
> 轻轻地，
>
> 打我们的船边飞过。
>
> 他们两个越飞越近，
>
> 渐渐的并作了一个。

这首诗，可以说和杜甫的"细雨鱼儿出，微风燕子斜"一样的好了。不过胡先生的《湖上》诗的好，人家容易看得出；杜先生诗的好处，人家很容易忽略过。

写实的诗，固然不是身历其境的人不能写，而且非身历其境的人，不能领会。所以李白的诗，翻成西文，能博得外国人欢迎；杜甫的诗，却不能这样。不单是难译的缘故，也是因为他所写的实在情形，乃是中国古代的社会情形，外国人不容易看得出他的好处。这样的趣事，我也亲自遇一次。我有一回，从上海往苏州去游玩，到苏州车站，下了火车，骑着驴子，往虎丘去，在路上将实在情形写出来，做了一首七绝诗，后二句云："瘦驴应是驮人惯，自识寻途到虎丘。"回到上海，将这诗给许多朋友看，都以为很平常，没有什么好处。后来有一位苏州朋友看见了，他却极力称赞，说是很好。我问他好在何处，他答道："苏州车站的驴子，大多数只要你骑上了他的背，他自己认得转弯抹角，往虎丘去的；不要你留心，不会走错路。你的诗能道得出这种特殊的情形，所以算好。但是不曾亲自经历这种事的人，不能领会的。"当时言罢，彼此大笑。这件事虽值不得什么，但是很有趣，所以把它附记在这里。

总之，杜甫写实的技能，能大能细，范围甚广。如"吴楚东南坼，乾坤日夜浮"，如"天地一沙鸥"，如"江山有巴蜀，栋宇自齐梁"，如"星垂平野阔，月涌大江流"等句，区区几个字，要包涵多少事情在里头。

（六）

如说到杜诗的渊源和他与后来诗学的关系，前人也早已说过了。元稹道：

> 至于子美，盖所谓上薄《风》《雅》，下该沈、宋；言夺苏、李，气吞曹、刘；掩颜、谢之孤高，杂庾、徐之流丽：尽得古今之体势，而兼人人之所独专矣。（《唐故检校工部员外郎杜君墓志铭》）

秦观说道：

> 杜子美之于诗，实积众流之长，适当其时而已。昔苏武、李陵之诗，长于高妙；曹植、刘公幹之诗，长于豪逸；陶潜、阮籍之诗，长于冲淡；谢灵运、鲍照之诗，长于峻洁；徐陵、庾信之诗，长于藻丽；于是子美穷高妙之格，极豪逸之气，包冲淡之趣，兼峻洁之姿，备藻丽之态；而诸家之作，无不及焉。然不集诸家之长，子美亦不能独至于斯也。岂非适当其时故耶？

以上两人的话，是说杜诗的渊源。他们虽未免恭维得太过，但是杜诗集诸家之长，是不错的。所争的是在一个"诸"字，所指的人是多是少罢了。稍为宽一点说，称他为"集大成"也无不可。

他和后世诗学的关系是怎样呢？且看孙僅说道：

> 公之诗支而为六家：孟郊得其气焰，张籍得其简丽，姚合得其清雅，贾岛得其奇僻，杜牧、薛能得其豪健，陆龟蒙得其赡博：皆出公之奇偏尔，尚轩轩然自号一家，赫世煊俗，后人师拟不暇，刿合之乎。（《杜工部诗集序》）

他这番话，我不赞成。因为照我的眼光看起来，所谓某家得到某一部分，没有充分的证据。这里我只好置之不论，算是阙疑罢了。后人又谓黄山谷是学杜，然也不过由杜诗的一部分变化出来的罢，决不是死学的。

总之，杜诗可以说集众人之长而自成一家，然众长中也有没什么大价值的。譬如徐陵、庾信的藻丽，只是用些好看的字眼，没有什么多大的价值。我以为杜诗在今日看起来，还是称他是写实，较为说得出他的真好处。

白香山

（一）

李唐一个朝代里的诗，要算是极盛，诗人也算是极多；不过除了李白、杜甫以外，在古今诗人中，能和李、杜并列的，却不可多得了。如王、孟、韦、柳、储五家，只不过是陶渊明的分派；而孟郊、李贺，又是屈灵均的支流；在杜甫以后，也有许多人，是从杜甫分支出来的；所以能够和李、杜并列的，只不过一位白香山。

在新文学界里出风头最早的，要算是白香山。一则因为他是著名的白话诗人，他的诗乡下老婆子也能够读得懂。二则因为他的诗，也着眼在社会上取材料，所以新文学家送他一个徽号，叫做"白香山的社会文学"。这两点确是他能够自成一派，和他人不同的地方。所以我在这本书里，有叙述他的必要。读者先看他的小传，再看他的诗罢。

（二）

白居易，字乐天，晚年号香山居士。唐太原人。生于大历七年，卒于会昌六年，七十五岁。他五六岁时，便学为诗。明白浅显，人人能解。与元微之齐名，人称为元粗、白俗。然因为他们粗俗，所以能普及到一般社会。据元微之说：微之一天，在平水街市中，看见许多村塾儿童，唱着诗歌。微之问问他们，他们说：先生教我们读乐天、微之诗。却不认识当面就是微之。（见元微之《白氏长庆集序》）他的诗不但流传于普通社会，而且流传到日本、新罗去。（新罗，当时国名，在今朝鲜。）可见他流传的普遍了。居易虽官至太子少傅、刑部尚书，然性情恬淡，他尝学渊明《五柳先生传》，作《醉吟先生传》以自况。于儒学之外，尤通佛学；晚年与香山的和尚如满结香火社，故自号香山居士。

（三）

我们评论白居易的诗，无论如何，不如他自己评论得真确。他有给元九（就是元微之，和他是好朋友）的一封长信，说明他自己的诗是怎样。（此书见《旧唐书》本传内。）我们读了他这封信，也可以不必再说许多不关痛痒的话了。原信太长，现在拣要紧的地方，节录在这里：

夫文尚矣。三才各有文：天之文，三光首之；地之文，五材首之；人之文，"六经"首之。就"六经"言，诗又首之。何者？圣人感人心而天下和平。感人心者，莫先乎情，莫始乎言，莫切乎声，莫深乎义。诗者，根情，苗言，华声，实义。上自圣贤，下至愚骏，微及豚鱼，幽及鬼神，群分而气同，形异而情一：未有声入而不应，情交而不感者。圣人知其然：因其言，经之以六义；缘其声，纬之以五音；音有韵，义有类；韵协则言顺，言顺则声易入；类举则情见，情见则感易交。于是乎孕大含深，贯微洞密，上下通而一气泰，忧乐合而百志熙。五帝三皇所以直道而行，垂拱而理者，揭此以为大柄，决此以为大窦也。故闻"元首明，股肱良"之歌，则知虞道昌矣。闻五子《洛汭之歌》，则知夏政荒矣。言者无罪，闻者足戒；言者闻者，莫不两尽其心焉。及周衰秦兴，采诗官废；上不以诗补察时政，下不以歌泄导人情；乃至于诌成之风动，救失之道缺：于时六义始刓矣。《国风》变为《骚》《辞》，五言始于苏、李。苏、李骚人，皆不遇者，各系其志，发而为文。故河梁之句，止于伤别；泽畔之吟，归于怨思。彷徨抑郁，不暇及他耳。然去诗未远，梗概尚存。故兴离别，则引双凫一雁为喻；讽君子小人，则引香草恶鸟为比。虽义类不具，犹得风人之什二三焉。于时六义始缺矣。晋宋已还，得者盖寡。以康乐之奥博，多溺于山水；以渊明之高古，偏放于田园；江鲍之流，又狭于此。如梁鸿《五噫》之例者，百无一二焉。于时六义浸微矣。陵夷至于梁陈间，率不过嘲风雪，弄花草而已。噫！风雪花草之物，《三百篇》中岂舍之乎？顾所用何如耳。设如"北风其凉"，假风以刺威虐也。"雨雪霏霏"，因雪以愍征役也。"棠棣之华"，感华以讽兄弟也。"采采芣苢"，美草以乐有子也：皆兴发于此，而义归于彼。反是者，可乎哉？然则"余霞散成绮，澄江静如练""离花先菱露，别叶乍辞风"之什，丽则丽矣，吾不知其所讽焉。故仆所谓嘲风雪，弄花草而已。于时六义尽去矣。唐兴二百年，其间诗人，不可胜数。所可举者：陈子昂有《感遇》诗二十首，鲍防有《感兴》诗十五首，又诗之豪者，世称李、杜。李之作才矣奇矣，人不逮矣；索其风雅比兴，十无一焉。杜诗最多，可传者千余篇；至于贯穿今古，覙缕格律，尽工尽善，又过于李。然撮其《新安吏》《石壕吏》《潼关吏》《塞芦子》《留花门》之章，"朱门酒肉臭，路有冻死骨"之句，亦不过三四十首。杜尚如此，况不逮杜者乎？仆尝痛诗道崩坏，忽忽愤发；或食辍哺，夜辍寝，不量才力，欲扶起之。仆数月来，检讨囊箧中，得新旧诗，各以类分，分为卷目。自拾遗来，凡所遇所感，关于美刺兴比者；又自武德讫元和，因事立题，题为《新乐府》者，共一百五十首，谓之"讽谕诗"。又或退公独处，或移病闲居，知足保和，吟玩情性者一百首，谓之"闲适诗"。又有事务牵于外，情性动于内，随感遇而形于叹咏者一百首，谓之"感伤诗"。又有五言七言，长句短句，自一百韵至两韵者四百余首，谓之"杂律诗"。凡为十五卷，约八百首。异时相见，当尽致于执事。微之！古人云："穷则独善其身，达则兼济天下。"仆虽不肖，常思此语。大丈夫所守者道，所待者时；时之来也，为云龙，为风鹏，勃然突然，陈力以出；时之不来也，为雾豹，为冥鸿，寂兮寥兮，奉身而退；进退出处，何往而不自得哉？故仆志在兼济，行在独善。奏而始终之则为道，言而发明之则为诗。谓之"讽谕诗"，兼济之志也；谓之"闲适诗"，独善之义也：故览仆诗者，知仆之道焉。其余"杂律诗"，或诱于一时一物，发于一笑一吟，率然成章，非平生所尚；但以亲朋合散之际，取其释恨佐欢。今铨次之间，未能删去；他时有为我编集斯文者，略之可也。微之！夫贵耳贱目，荣古陋今，人之大情也。仆不能远征古旧，如近岁韦苏州歌行，清丽之外，颇近兴讽；其五言诗，又高雅闲淡，自成一家之体。今之秉笔者，谁能及之？然当苏州在时，人亦未甚爱重，必待身后，然后人贵之。今仆之诗，人所爱者，悉不过"杂律诗"，与《长恨歌》已下耳。时之所重，仆之所轻。至于讽谕者，意激而言质；闲适者，思澹而词迂。以质合迂，宜人之不爱也。今所爱者，并世而生，独足下耳。然千百年后，安知复无如足下者，出而知爱我诗哉？

（四）

他自己将他的诗分做四部分：一是讽谕；一是闲适；一是感伤；一是杂律。杂律诗他自己不满意，感伤诗也无特好处，我们也可以置之不论。论他的讽谕，是直接出于《诗经》，他自己说得很明白。闲适是从陶诗一部分而来的，而又参以禅理，可说是合陶诗禅理而成的。以禅理入诗，在他前头，王维已有这样的彩色了；不过王维的彩色，还不及白居易这样的显著。总之，他的诗，他自己评论得很明白，不用我们多说，只看他代表的作品罢！

他的讽谕诗里，顶著名的就是《秦中吟》十首和《新乐府》五十首。其他《续古诗》十首，《寓意》五首，《和答》十首，《有木》八首，并《新制布裘》《杏园中枣树》等，都是佳作。

今选录数首。如《伤宅》——《秦中吟》之第三首——云：

谁家起甲第，朱门大道边。

丰屋中栉比，高墙外回环。

累累六七堂，栋宇相连延。

一堂费百万，郁郁起青烟。

洞房温且清，寒暑不能干。

高堂虚且迥，坐卧见南山。

绕廊紫藤架，夹砌红药栏。

攀枝摘樱桃，带花移牡丹。

主人此中坐，十载为大官。

厨有臭败肉，库有贯朽钱。

谁能将我语，问尔骨肉间？

岂无穷贱者？忍不救饥寒！

如何奉一身，直欲保千年。

不见马家宅，今作奉诚园。

《买花》——《秦中吟》之第十首——云：

帝城春欲暮，喧喧车马度。

共道牡丹时，相随买花去。

贵贱无常价，酬直看花数。

灼灼百朵红，戋戋五束素。

上张幄幕庇，旁织笆篱护。

水洒复泥封，移来色如故。

家家习为俗，人人迷不悟。

有一田舍翁，偶来买花处。

低头独长叹，此叹无人谕。

一丛深色花，十户中人赋。

《上阳人》——《新乐府》之第七首——云：

上阳人！上阳人！红颜暗老白发新。

绿衣监使守宫门，一闭上阳多少春？

玄宗末年初选入，入时十六今六十。

同时采择百余人，零落年深残此身。

忆昔吞悲别亲族，扶入车中不教哭。

皆云入内便承恩，脸似芙蓉胸似玉。

未容君王得见面，已被杨妃遥侧目。

妒令潜配上阳宫，一生遂向空房宿。

宿空房，秋夜长！夜长无寐天不明。

耿耿残灯背壁影，萧萧暗雨打窗声。

春日迟！日迟独坐天难暮。

宫莺百啭愁厌闻，梁燕双栖老休妒。

莺归燕去长悄然，春往秋来不记年。

唯向深宫望明月，东西四五百回圆。

今日宫中年最老，大家遥赐尚书号。

小头鞋履窄衣裳，青黛点眉眉细长。

外人不见见应笑，天宝末年时世妆。

上阳人！苦最多。

少亦苦，老亦苦，少苦老苦两如何？

君不见昔时吕尚《美人赋》；又不见今日上阳宫人《白发歌》。

《折臂翁》——《新乐府》之第九首——云：

新丰老翁八十八，头鬓眉须皆似雪。

玄孙扶向店前行，左臂凭肩右臂折。

问翁臂折来几年，兼问致折何因缘。

翁云贯属新丰县，生逢圣代无征战。

惯听梨园歌管声，不识旗枪与弓箭。

无何天宝大征兵，户有三丁点一丁。

点得驱将何处去，五月万里云南行。

闻道云南有泸水，椒花落时瘴烟起。

大军徒涉水如汤，未过十人二三死。

村南村北哭声哀，儿别爷娘夫别妻。

皆云前后征蛮者，千万人行无一回。

是时翁年二十四，兵部牒中有名字。

夜深不敢使人知，偷将大石槌折臂。

张弓簸旗俱不堪，从兹始免征云南。

骨碎筋伤非不苦，且图拣退归乡土。

此臂折来六十年，一肢虽废一身全。

至今风雨阴寒夜，直到天明痛不眠。

痛不眠，终不悔！且喜老身今独在。

不然当时泸水头，身死魂孤骨不收。

应作云南望乡鬼，万人冢上哭呦呦。

老人言，君听取！

君不闻开元宰相宋开府，不赏边功防黩武。

又不闻天宝宰相杨国忠，欲求恩幸立边功。

边功未立生民怨，请问新丰折臂翁。

《杏园中枣树》云：

人言百果中，唯枣凡且鄙。

皮皱似龟手，叶小如鼠耳。

胡为不自知，生花此园里。

岂宜遇攀玩，幸免遭伤毁。

二月曲江头，杂英红旖旎。

枣亦在其间，如嫫对西子。

东风不择木，吹煦长未已。

眼看欲合抱，得尽生生理。

寄言游春客，乞君一回视！

君爱绕指柔，从君怜柳杞。

君求悦目艳，不敢争桃李。

君若作大车，轮轴材须此。

以上《伤宅》等四首，都是对于时事，有所刺讽而作，故名为讽；《杏园中枣树》，以物谕人，故名为谕。

（五）

再看他的闲适诗。他的性情，本来恬淡，他集中有《效陶潜体诗》十六首，又有《读老子》《读庄子》《读禅经》等诗，可见他于陶诗及道家书与禅经，都很喜欢读的。于是我们可知他闲适诗的渊源了。如《小池》二首云：

昼倦前斋热，晚爱小池清。

映林余景没，近水微凉生。

坐把蒲葵扇，闲吟三两声。

有意不在大，湛湛方丈余。

荷侧泻清露，萍开见游鱼。

每一临此坐，忆归青溪居。

随口道出，毫不做作，很像陶诗。又如《齐物》二首云：

青松高百尺，绿蕙低数寸。

同生大块间，长短各有分。

长者不可退，短者不可进。

若用此理推，穷通两无闷。

椿寿八千春，槿花不经宿。

中间复何有，冉冉孤生竹。

竹身三年老，竹色四时绿。

虽谢椿有余，犹胜槿不足。

这思想是从《庄子》里来的。《赠王山人》云：

闻君减寝食，日听神仙说。

暗待非常人，潜求长生诀。

言长本对短，未离生死辙。

假使得长生，才能胜夭折。

松树千年朽，槿花一日歇。

毕竟共虚空，何须夸岁月。

彭殇徒自异，生死终无别。

不如学无生，无生即无灭。

这思想是从佛书里得来的。

以上各诗，可以为白香山闲适诗的代表了。此外虽然再有许多，都不出此范围以外。

苏东坡

（一）

宋朝的诗人，本来是苏（苏轼）、黄（黄庭坚）、范（范成大）、陆（陆游）四家并称的。我这本书里所说的，就是四人中的两人（苏轼和陆游）。因为陆游是间接出于黄庭坚，照我看来，要比黄庭坚好。范成大和陆游同时，诗派也差不多，然比陆游为稍逊，陆游可以代表范成大。所以我这里只取苏、陆两人了。

在苏轼以前，宋朝的诗人，还有梅尧臣、苏舜钦、欧阳修，都能扫除晚唐纤丽的习气，而以简淡苍老为归。然规模太小，究不能与苏、陆并论。而他们和苏诗的关系也不多，所以我这里丢开不讲，只说苏轼。如今可先看他的小传，再论他的作品。

（二）

苏轼，字子瞻，号东坡居士，眉州眉山人。他的父亲就是苏洵（字明允，号老泉），他的兄弟就是苏辙（字子由，号颖滨），和他自己在中国文学界是有名的"三苏"。人又称东坡为大苏。他生于景祐三年，嘉祐二年进士。那时王安石秉政，和他不对，谪居杭州及黄州等处。后因文字嫌疑，谪居海南。不久回来，于靖国元年，卒于常州，年六十六岁。他平生喜读陶诗，曾作《和陶诗》四卷。又好佛学，尝与和尚佛印交游。著有《东坡全集》一百十五卷，《东坡志林》五卷。

（三）

苏诗的特色，也很容易说明，就是合李太白、陶渊明，并参以佛理而成的。有时过于粗豪，失之丰缛，然这正是东坡的本色。《宋诗钞》小传，论他的诗道：

子瞻诗，气象洪阔，铺叙宛转，子美之后，一人而已。然用事太多，不免失之丰缛；虽其学问所溢，要亦洗刷之工未尽也，而世之訾宋诗者，独于子瞻，不敢轻议，以其胸中有万卷书耳。不知子瞻所重，不在此也。

称他气象洪阔，铺叙宛转，可见他的才气过人处。洗刷之工未尽，自是才气粗豪人的本色。就是现在人所说的随手写出来，不在字句上做修饰的工夫。渊明、太白都是这一路的，苏诗大概在渊明、太白之间。

《苕溪渔隐丛话》论东坡诗云：

> 东坡《题碧落洞》诗云："小语辄相答，空山白云惊。"此语全类太白。后自岭外归来，《次韵江晦叔》云："浮云时事改，孤月此心明。"如参禅悟道之人，吐露胸襟，无一毫窒碍也。

这一番话，也很切当。惟《后山诗话》，说他"晚年学太白而失于粗"，却不知粗亦是太白的本色。后山诗出于山谷（即黄庭坚），以苦做为工。对于东坡之粗，自不满意。

王渔洋论东坡诗云：

> 庆历文章宰相才，晚年孟博亦堪哀。
> 淋漓大笔千秋在，字字《华严》法界来。

"淋漓大笔"四字，说得很当；而于苏诗得力于佛理，更看得透彻了。

然他人评论东坡，总不及东坡自评。他自己尝说道：

> 吾文如万斛泉源，不择地皆可出：在平地滔滔汩汩，虽一日千里无难；及其与山石曲折，随物赋形，而不可知也。所可知者：常行于所当行，常止于不可不止，如是而已矣。其他，虽吾亦不能知也。

又云：

> 作文如行云流水，初无定质；但常行于所当行，止于所不可不止，虽喜笑怒骂之辞，皆可书而诵之。

又云：

> 某平生无快意事；惟作文章，意之所到，则笔力曲折，无不尽意。自谓世间乐事，无逾此矣。

我们领会得这个道理，便可以知道苏诗的特色了。

（四）

前面已经说过：他的诗是渊源于陶、李，而参以禅理。现在可引他的诗，证明如下。

如《和陶〈游斜川〉》云：

> 谪居澹无事，何异老且休。
> 虽过靖节年，未失斜川游。
> 春江渌未波，人卧船自流。
> 我本无所适，泛泛随鸣鸥。
> 中流遇洑洄，舍舟步层丘。
> 有口可与饮，何必逢我俦。
> 过子诗似翁，我唱儿辄酬。
> 未知陶彭泽，颇有此乐不？
> 问点尔何如？不与圣同忧。
> 问翁何所笑？不为由与求。

（按：过是东坡儿子的名字。这时候同游。）

按"春江渌未波"六句，绝似陶公。东坡既然喜读陶诗，和作至四卷之多，那么他所受的渊明的感化，自然很深了。《和陶诗》以外，就是像《新居》一首，也似渊明。诗云：

> 朝阳入北林，竹树散疏影。
>
> 短篱寻丈间，寄我无穷境。
>
> 旧居无一席，逐客犹遭屏。
>
> 结茅得兹地，翳翳村巷永。
>
> 数朝风雨凉，畦菊发新颖。
>
> 俯仰可卒岁，何必谋二顷。

然而他的性情豪放，没有含蓄，很像太白；又因他生长四川，四川是太白的故乡，而且山水奇险，和长江下游不同，东坡生长其间，因个性及环境种种的缘故，自然东坡的诗歌，要像太白了。如他《游金山寺》诗，不绝似太白么？诗云：

> 我家江水初发源，宦游直送江入海。
>
> 闻道潮头一丈高，天寒尚有沙痕在。
>
> 中泠南畔石盘陀，古来出没随涛波。
>
> 试登绝顶望乡国，江南江北青山多。
>
> 羁愁畏晚寻归楫，山僧苦留看落日。
>
> 微风万顷靴纹细，断霞半空鱼尾赤。
>
> 是时江月初生魄，二更月落天深黑。

> 江心似有炬火明，飞焰照山栖鸟惊。
>
> 怅然归卧心莫识，非鬼非人竟何物？
>
> 江山如此不归山，江神见怪惊我顽。
>
> 我谢江神岂得已，有田不归如江水！
>
> （原注：是夜所见如此。）

就是他简短的七言绝诗，也似太白。如《六月二十七日望湖楼醉书》五首之二云：

> 黑云翻墨未遮山，白雨跳珠乱入船。
>
> 卷地风来忽吹散，望湖楼下水如天。

> 未成小隐聊中隐，可得长闲胜暂闲。
>
> 我本无家更安往，故乡无此好湖山。

又《书辩才白云堂壁》云：

> 不辞清晓叩松扉，却值支公久不归。
>
> 山鸟不鸣天欲雪，卷帘惟见白云飞。

这首诗和太白的《独坐敬亭山》有些相像。

又《送蜀人张师厚赴殿试》云：

忘归不觉鬓毛斑，好事乡人尚往还。

断岭不遮西望眼，送君直过楚王山。

这首诗，尤和太白的《下江陵》《送孟浩然之广陵》相像。

然而东坡喜读佛书，故诗中常有禅理，最容易看得出的，就是下面两首。《和梵天寺僧守诠诗》云：

但闻烟外钟，不见烟中寺。

幽人行未已，草露湿芒屦。

惟应山头月，夜夜照来去。

《闻辩才法师复归上天竺以诗戏问》云：

道人出山去，山色如死灰。

白云不解笑，青松有余哀。

复闻道人归，鸟语山容开。

神光出宝髻，法雨洗尘埃。

想见南北山，花发前后台。

寄声问道人，借禅以为诙。

何所闻而去，何所见而回？

道人笑不答，此意安在哉。

昔者本不住，今者亦无来。

此语竟非是，且食白杨梅！

后一首尤充满了禅意。而东坡自己说："喜笑怒骂之辞，皆可书而诵之。"这句话也是很正确的。我们试看他喜笑怒骂的诗，无论什么，都可以写入诗里的，如《闻子由瘦》云：

五日一见花猪肉，十日一遇黄鸡粥。

土人顿顿食薯芋，荐以熏鼠烧蝙蝠。

旧闻蜜唧尝呕吐，稍近虾蟆缘习俗。

……

又如《读孟郊诗》云：

夜读孟郊诗，细字如牛毛。

寒灯照昏花，佳处时一遭。

……

初如食小鱼，所得不偿劳。

又似煮螃蟹，竟日嚼空螯。

……

人生如朝露，日夜火消膏。

何苦将两耳，听此寒虫号！

不如且置之，饮我玉卮醪！

花猪肉、黄鸡粥、熏鼠、烧蝙蝠、小鱼、蜈蟆，拉拉杂杂，一齐写入诗里；而嘲讽孟郊，尤足令人发笑。这便是他喜笑怒骂的一斑了。

我们从这几方面看来，便可以知道他的诗，有怎样的特色；也可以知他为人，是怎样的性情。

（五）

东坡门下士很多，其中著名的，就是苏门四君子：一黄庭坚，二晁补之，三秦观，四张耒。黄庭坚出于苏门，而能自成一家，为南宋以来诗学之宗，称为"江西派"。其他晁、秦、张三人稍逊。《宋诗钞》小传，称晁以气胜；秦以韵胜（《淮海集钞》小传）；东坡自谓"秦得吾工；张得吾易"。然我以为四人出东坡门下，多半系仕宦关系；若论诗歌，便不相干。各人有自己的面目，不能说是东坡的支派，所以这里不多说了。若黄庭坚，和南宋诗家的关系很深，待下面说到陆放翁，再为略说几句。

陆放翁

（一）

苏东坡以后，便是陆游了。他的诗，也是写实，和杜甫一样。不过他的境遇，较为安乐，和杜甫不同；他的性情，偏于闲散，和杜甫不同。所以写的实情实事也不同，所写的虽不同，而写法却是一样。所以陆游的诗，我也当他是写实看。

然杜诗所包甚广，杜甫才力雄厚，不是陆游所能够及的。陆游所擅长的，只是杜甫的一部分；而杜甫所有藻丽的地方，陆游一概没有：这便是他们二人的异同了。

（二）

陆游，字务观，号放翁。山阴人。他的祖父，名叫陆佃，在宋徽宗时，官至尚书左丞。游少时因荫得官，后为秦桧所忌；桧死，才擢编修，出知夔、严二州。当范成大为蜀帅时，游为参议官，故居蜀最久。晚年家居，恬淡自乐，所为诗善写乡村闲居之乐趣。卒年八十五。诗稿最多，总署"剑南"。以上所述，便是陆游的简单小传了。

（三）

论陆游的诗，可先一看他的渊源：陆游和杨万里、范成大、尤袤四人，师事曾几，传其诗法。试看赵庚夫《题曾几诗集》云："清于月白初三夜，淡似汤烹第一泉。咄咄逼人门弟子，剑南已见一灯传。"而曾几的诗法，又自黄庭坚得来。试看陆游替他做的墓志铭，有"以杜甫、黄庭坚为宗"之语。而黄庭坚又是学杜甫的死做。"只字半句，不肯轻出"（这八个字是《宋诗钞•山谷诗钞》小传上的话）；而他的性情，又极褊僻，所以做成一种生硬的诗（这种褊僻的性情，我以为像孟郊、李贺及屈原）。

由杜甫的一支，而黄庭坚，而曾几，而陆游，屡有变化。不过到了陆游，已脱尽了硬做的习气，变而为自然。这一点也就是陆游比黄庭坚更好的所在了。

陆游间接再间接从杜甫得来的好处，就是写实。这种师承，在今日看起来，似乎没有研究的必要。但当时的事实，确是如此。陆游的诗，不是一味地摹仿杜甫，也不是摹仿黄庭坚和曾几，须知渊源和摹仿不同。

南宋以来，诗人多宗黄庭坚，或是直接，或是间接，无不从黄庭坚一派出来。而黄庭坚又是学杜甫，所以《宋诗钞》有"宋诗大半从少陵分支"之语。然我以为这句话，只可说从黄庭坚以后是如此，黄庭坚以前却不然，不能包括一切宋诗。

黄庭坚一派的诗，就是有名的"江西派"。然我以为过于生硬，终不是极好的诗。若陆游、范成大、杨万里三人，虽皆出于黄庭坚，然浅语常谈，信口道出，极其自然，和"江西派"的生硬不同。这三人中，尤以陆游为最好。

（四）

我以为放翁最好的文学作品，就是描写乡村闲居的乐趣。不但是诗，他有两篇散文，也可称是写实的妙文，就是《居室记》和《东篱记》。这两篇文，很简短的，我现在把他录在这里和他的诗参看。那《居室记》云：

> 陆子治室于所居堂之北。其南北二十有八尺，东西十有七尺。东西北皆为窗，窗皆设帘障，视晦明寒燠为舒卷启闭

之节。南为大门，西南为小门。冬则析堂与室为二，而通其小门以为奥室，夏则合为一，而辟大门以受凉风。岁暮必易腐瓦，补罅隙，以避霜露之气。朝晡食饮，丰约惟其力，少饱则止，不必尽器；休息取调节气血，不必成寐；读书取畅适性灵，不必终卷。衣加损，视气候，或一日屡变。行不过数十步，意倦则止。虽有所期处，亦不复问。客至，或见或不能见。间与人论说古事，或共杯酒，倦则亟舍而起。四方书疏，略不复遣，有来者，或亟报，或守累日不能报，皆适逢其会，无贵贱疏戚之间。足迹不至城市者率累年。少不治生事，旧食奉祠之禄以自给。秩满，因不复敢请，缩衣节食而已。又二年，遂请老。法当得分司禄，亦置不复言。舍后及旁，皆有隙地，莳花百余本。当敷荣时，或至其下，方羊坐起，亦或零落已尽，终不一往。有疾，亦不汲汲近药石，久多自平。家世无年，自曾大父以降，三世皆不越一甲子，今独幸及七十有六，耳目手足未废，可谓过其分矣。然自计平昔于方外养生之说，初无所闻，意者日用亦或默与养生者合，故悉自书之，将质于山林有道之士云。庆元六年八月一日，山阴陆某务观记。

《东篱记》云：

放翁告归之三年，辟舍东圃地，南北七十五尺，东西或十有八尺而赢，或十有三尺而缩，插竹为篱，如其地之数。埋五石瓮，潴泉为池，植千叶白芙蕖，又杂植木之品若干，草之品若干，名之曰东篱。放翁日婆娑其间，掇其香以嗅，撷其颖以玩，朝而灌，暮而锄。凡一甲坼，一敷荣，童子皆来报惟谨。放翁于是考《本草》以见其性质，探《离骚》以得其族类，本之《诗》《尔雅》及毛氏、郭氏之传，以观其比兴，穷其训诂。又下而博取汉、魏、晋、唐以来，一篇一咏无遗者，反复研究古今体制之变革，间亦吟讽为长谣短章，楚辞唐律，酬答风月烟雨之态度。盖非独娱身目，遣暇日而已。昔老子著书，末章自小国寡民，至甘其食，美其服，安其居，乐其俗，邻国相望，鸡犬之声相闻，民至老死不相往来，其意深矣。使老子而得一邑一聚，盖真足以致此。呜乎！吾之东篱，又小国寡民之细者欤？开禧元年四月乙卯记。

这两篇散文，写他晚年闲居时自己的事情，很是忠实。论文也简洁苍老，因为他是老年人的手笔，所以才这样的苍老。所谓写实，不一定要是立在第三者的他位，描写低级社会的情形，才算写实；就是写自己的事，写得真实不虚，都算写实。写实固然要细细的描写，像这两篇很简短的文字，似乎不能充分地描写。

然他一句一句，都是实在的情形，像《居室记》一篇，室内一切的物，一切的事，都写得很周到，这正是中国文字简洁的好处。我们不能因为他篇幅这么短，便以为太简略了。

（五）

我们再将眼光注在这一点，去看陆放翁的写实诗。他最会描写乡村特殊的情形，如《秋日郊居》云：

> 儿童冬学闹比邻，据案愚儒却自珍；
>
> 授罢村书闭门睡，终年不著面看人。
>
> （自注云：农家十月，乃遣子入学谓之冬学。所读《杂字》《百家姓》之类，谓之村书。）

按：我们读了这首诗，至少可以知道当时候的村塾儿童所读的书，是《杂字》《百家姓》之类。又我们常称乡村私塾先生为冬烘先生，然究不知他的出处，今读了此诗，才恍然明白。冬烘先生，就是冬学先生。冬学之例，在如今已没有了（指我们小时候所住的乡村而言，旁的地方，我不知道），所以"冬学"二字，也不懂。冬学大约因为春、夏、秋三季，农家孩子，要在田里做工，只有冬天，有闲工夫读书，所以便有这种特别的冬学，来招收这些学生。可惜现在教育不能普及，乡村儿童终年失学的很多；像这样腐败的冬学，也没有了。杜诗人称为诗史，像陆放翁这样的诗，真是社会史，比杜甫专写国家大事，还要有价值。放翁诗不也可称为诗史么？又如《杜门》云：

> 寂寞山深处，峥嵘岁暮时。
> 烧灰除菜蝗（读去声），送芋谢牛医。
> 筧水晨浇药，灯窗夜覆棋。
> 杜门君勿怪，迟暮少新知。

三四句确是乡村实事。又《春雨绝句》六首之二云：

> 千点猩红蜀海棠，谁怜雨里作啼妆。
> 杀风景处君知否？正伴邻家救麦忙。

> 天公似欲败蚕莘，雨冒南山暮不收。
> 骙女痴儿那念此，贪看蝌蚪满清沟。

这两首诗，也是乡村写真。第一首中"救麦"二字，是乡村的特别名词，读者请注意他！又《对食戏作》二首云：

霜余蔬甲淡中甜，春近灵苗嫩不薿。

采撷归来便堪煮，半铢盐酪不须添。

春前腊后物华催，时伴儿曹把酒杯。

蒸饼犹能十字裂，馄饨那得五般来。

按：五般馄饨，不知是什么，恐怕般当作盘，但不能一定说是如此。又如《新岁》云：

改岁钟馗在，依然旧绿襦。

老庖供馎饦，跣婢暖屠苏。

载糗送穷鬼，扶箕迎紫姑。

儿童欺老瞆，灯下聚呼卢。

《赛神》云：

岁熟乡邻乐，辰良祭赛多。

荒园抛鬼饭，高机置神鹅。

人散丛祠寂，巫归醉脸酡。

饥鸦更堪笑，鸣噪下庭柯。

（自注云：村人谓祭神之牲为神猪、神鹅。）

《自开岁连日阴雨未止》云：

江云漠漠雨昏昏，归老山阴学灌园。

十里羊肠仅通路，三家钌脚自成村。

应时膊饦聊从俗，耐久钟馗俨在门。

近县传闻颇多盗，呼儿插棘补颓垣。

（自注云：俗有年膊饦之语。予贫甚，今岁遂不能易钟馗。）

按这三首诗，可算是乡村生活的写真，也可算是风俗史。第三首膊饦，为馎饦之谐音，系当时俗语，今已不知何谓。而第一、第三两首，皆是叙新年事，皆说到钟馗。钟馗，在今日是端午节的点缀品，却不知在那时候，是新年的点缀品。他又有《鸟啼》一首，可算是农家历了。诗云：

野人无历日，鸟啼知四时。

二月闻子规，春耕不可迟；

三月闻黄鹂，幼妇闵蚕饥；

四月鸣布谷，家家蚕上簇；

五月鸣鸦舅，苗稚忧草茂。

……

　　放翁像这一类的诗极多，举不胜举。其他断句如："红颗带芒收晚稻，绿苞和叶摘新橙。""蚕如黑蚁桑生后，秧似青针水满时。""猬刺坼蓬新栗熟，鹅雏弄色冻醅浓。""藜粥数匙晨压药，松肪一碗夜观书。""荒陂船护鸭，断岸笛呼牛。""稻陂正满初投种，蚕子方生未忌人。"描写乡村情景，像这样的诗，放翁以外，确不多见。惟普通选本，于放翁这样的诗，多删去不选，所以人家越发不知道。梁任公说：陶渊明以后的诗人，描写田园生活，不能写到真际。却不曾知道陆放翁，有这样的好诗。

　　这样的诗，在杜甫诗集里，已经有一二首了，所以说陆游的诗，是从杜甫来的。杜甫著名的《南邻》一首，不就是这样的么？《南邻》云：

　　　角里先生乌角巾，园收芋粟未全贫。
　　　惯看宾客儿童喜，得食阶除鸟雀驯。
　　　秋水才添四五尺，野航恰受两三人。
　　　白沙翠竹江村暮，相送柴门月色新。

　　杜甫的"老妻画纸为棋局，稚子敲针作钓钩""盘飧市远无兼味，尊酒家贫只旧醅。"也是这样。不过没有陆游作得多，也没有陆游这样充分的写罢。

（六）

陆游除了写乡村生活以外，描写他眼前常见的事，也写得极忠实。如传诵人口的"小楼一夜听春雨，深巷明朝卖杏花"便是个绝好的例。此外这样的诗尚多，如《园中晚饭示儿子》云：

> 一饱何心慕万钟，小园父子自相从。
> 蚍蜉布阵雨将作，蛱蝶成团春已浓。
> 涧底束薪供晚爨，街头籴米续晨舂。
> 盘飧莫恨无兼味，自绕荒畦摘芥菘。

《闲意》云：

> 柴门虽设不曾开，为怕人行损绿苔。
> 妍日渐催春意动，好风时卷市声来。
> 学经妻问生疏字，尝酒儿争潋滟杯。
> 安得小园宽半亩，黄梅绿李一时栽！

《书适》云：

> 老翁年七十，其实似童儿。

山果啼呼觅，乡傩喜笑随。

群嬉累瓦塔，独立照盆池。

更挟闲书读，浑如上学时。

《秋怀》云：

园丁傍架摘黄瓜，村女沿篱采碧花。

城市尚余三伏热，秋光先到野人家。

此外描写入微的，如"纸阁幽窗见细书"，如"小蝶穿花似茧黄"，如"燕嘴新泥雨未干"，看似平淡，实在描写得逼真。

（七）

放翁生当南宋偏安之世，对于金人的侵掠，很为不平。他那种郁塞磊落之慨，时时发表在他的诗里，故常有感激豪宕之什。后人至于称他为"亘古男儿一放翁"，这未免恭维太过了。他这一类的诗，只有一时代的价值，没有永久的价值，如《长歌行》云：

人生不作安期生，醉入东海骑长鲸；

犹当出作李西平，手枭逆贼清旧京。

金印煌煌未入手，白发种种来无情。

成都古寺卧秋晚，落日偏傍僧窗明。

岂其马上破贼手，哦诗长作寒螀鸣！

兴来买尽市桥酒，大车磊落堆长瓶。

哀丝豪竹助剧饮，如巨野受黄河倾。

平时一滴不入口，意气顿使千人惊。

国仇未报壮士老，匣中宝剑夜有声。

何当凯旋宴将士，三更雪压飞狐城！

《关山月》云：

和戎诏下十五年，将军不战空临边。

朱门沉沉按歌舞，厩马肥死弓断弦。

戍楼刁斗催落月，三十从军今白发。

笛里谁知壮士心，沙头空照征人骨。

中原干戈古亦闻，岂有逆胡传子孙。

遗民忍死望恢复，几处今宵垂泪痕。

《十一月四日风雨大作》云：

僵卧孤村不自哀，尚思为国戍轮台。

夜阑卧听风吹雨，铁马冰河入梦来。

《排闷》云：

四十从军渭水边，功名无命气犹全。

白头烂醉东吴市，自拔长刀割彘肩。

以上各首都是他激烈豪宕的诗，这也是放翁诗的一种特色。我以为其意固然可取，然终未免书生说大话罢。如言侠义，不如李太白识郭子仪于行伍之中，较为实在。故我以为这不是放翁唯一的好处，他唯一的好处，还是写实。

（八）

和放翁并称的有范成大，号石湖；杨万里，号诚斋。三人诗是差不多的一派。放翁的诗，可以代表这两家，故我不多说。只各将他们的诗，附录数首于此，以资比较。

范成大《秋日田园杂兴》云：

秋来只怕雨垂垂，甲子无云万事宜。

　　　获稻毕工随晒谷，直须晴到入仓时。

　　　新筑场泥镜面平，家家打稻趁霜晴。
　　　笑歌声里轻雷动，一夜连枷响到明。

《喜雨》云：

　　　昨遣长须借踏车，小池须水引鸣蛙。
　　　今朝一雨添新涨，便合翻泥种藕花。

《春晚即事，留游子明王仲显》云：

　　　绣地红千点，平桥绿一篙。
　　　楝花来石首，谷雨熟樱桃。
　　　笑我生尘甑，惭君有敝袍。
　　　故人能少驻，门径久蓬蒿。

杨万里《闲居初夏午睡起》云：

　　　梅子留酸软齿牙，芭蕉分绿与（俗作上）窗纱。
　　　日长睡足（俗作起）无情思，闲看儿童捉柳花。

《登净远亭》云：

> 池冰受日未全开，旋旋波痕百皱来。
>
> 野鸭被人惊得惯，作群飞去却飞回。

《甲申上元前闻家君不快西归见梅有感》云：

> 官路桐江西复西，野梅千树压疏篱。
>
> 昨来都下筠篮底，三百青钱买一枝。

王渔洋

（一）

中国古代几个有价值的诗人，差不多人人都知道了。屈原而后，如陶渊明，如李太白，如杜少陵，如白香山，差不多大家都知道他们的诗是有价值了。但是清朝的王渔洋，却没有人说起他。不但是不说他好，而且是攻击他。如章太炎所讲的《国学概论》里面说：

> 王渔洋、朱彝尊的诗，失之典泽过浓。

又梁任公所著的《清代学术概论》里面说：

> 以言夫诗，真可谓衰落已极：吴伟业之靡曼，王士禛

（即王渔洋）之脆薄，号为开国宗匠。

章、梁两先生，对于竹垞（朱彝尊）、梅村（吴伟业）、渔洋，皆不满意。然余以为竹垞失之典泽过浓，是不错；梅村靡曼，也不错；独不满意于王渔洋，我不敢赞同。

王渔洋的诗和方望溪的文，在前清称为一代正宗。然而在当时，已有人攻击他们，说道：

一代正宗才力薄，望溪制艺阮亭诗。

阮亭就是王渔洋的别号。人家说他的诗和望溪的文，同是才力薄弱，好像是不足称为正宗。我按，望溪的文，不是在本题范围以内，我故置而不论，单论王渔洋的诗。

（二）

我要说明王渔洋的诗有价值，须先说明诗是什么，再说明中国的诗是什么。

诗是什么？这一个答案，大概是："诗是发抒感情的文字。"无论中国、外国的文学家，都承认这句话了。

外国名人的诗的界说，恕我不能多引；单引中国人的诗的界说，证明诗为发抒感情的文字。

> 诗言志；歌永言。（《虞书》）
>
> 诗者，志之所之也。在心为志，发言为诗；情动乎中，而形于言；言之不足，故嗟叹之，嗟叹之不足，故咏歌之。（《诗大序》）
>
> 或有问于余曰：诗何为而作也？余应之曰：人生而静，天之性也；感于物而动，性之欲也。夫既有欲矣，则不能无思；既有思矣，则不能无言；既有言矣，则言之所不能尽，而发于咨嗟咏叹之余者，又必有自然之音响节族（同奏），而不能已焉：此诗之所以作也。（朱子《诗序》）

试看以上三个人的话，已可以完全明白诗是发抒感情的文字。诗的唯一职务，就是发抒感情。不过诗与歌有无分别，另是一个问题；这话很长，可参看拙著《新诗概说》（商务印书馆出版）。

再说中国的诗是什么？这一句定有人要发生疑问，以为：中国的诗，难道和外国的诗，有两样么？（不是指形式而言，形式当然不同。）我便答道：中国的诗，是发抒感情的；外国的诗，也是发抒感情的：不过发抒的方法不同。中国人的感情，是用很婉转、很含蓄的口气，发抒出来的。外国人的感情，是直说出来的，大概是说得毫无余蕴。中国诗里的感情，好像是平淡些，外国诗里的感情，极其热烈。实在中国人的感情，并不平淡，不过是含而不吐，好像是平淡罢了。这便是中国诗的特点，也便是中国诗和外国诗的异点。（以上所说的诗，都是指《诗经》里的诗，《楚辞》以后，便有变了。）

中国的诗，婉转而含蓄，也可引古人的话来证明：

> 《关雎》乐而不淫，哀而不伤。（《论语》）
>
> 《国风》好色而不淫，《小雅》怨诽而不乱。（《史记·屈原传》）

倘然哀而伤，怨诽而乱，那便是将胸中的感情，尽说出来。今曰：哀而不伤，怨诽而不乱，这便是含蓄。所以孔子又说：

> 入其国，其教可知也，其为人也，温柔敦厚，诗教也。（《礼记经解》）

看这句话，可以知道：古时的人，拿诗做教化的工具；用婉转含蓄的诗，养成人民温柔敦厚的性情。所以说，看见他的人民温柔敦厚，便可以知道他的诗教昌明了。而温柔敦厚，也就是中国国民性的特点，也就是中国诗学的特点。

以上所说的都是《诗经》里的诗，他所有的实质很单纯，就是温柔敦厚的感情。《诗经》里的诗，多半是比兴，并不直说。你看诗人的心，多少忠厚啊！到了《楚辞》出现，乃是黄河流域和长江流域思想接触时代。《离骚》虽然仍是温柔敦厚的感情，却已加入许多神秘幽怪的故事。到了汉朝，中国人和匈奴人接触以后，诗的实质，更加入一种粗豪悲壮的气概。到了晋朝，晋代式的老庄学说盛行以后，中国诗的实质里，更加入一种玄妙高尚的思想。到了南北朝及唐，佛学盛行而后，中国诗的实质里，更加入一种觉悟解脱的见识，因此便生大变化了。以后千流万派，大概逃不了上面所说的五种原素（关于这一层，另有拙著《中国诗歌实质上变的大关键》，说得很清楚），而五种原素之中，尤以温柔敦厚的感情，为中国诗的本色，而即为诗学的正宗。

（三）

必须明白了第二节的话，然后可以论王渔洋，因为王渔洋的诗，就是能够得温柔敦厚之旨哩。今述王渔洋简单的小传，而后论他的诗。

王士禛，字子贞，一字贻上，号阮亭，又号渔洋山人，山东新城人。生于明崇祯七年。明亡，他十一岁。入清，官至刑部尚书。康熙五十年卒，年七十八。他的祖父名象晋，明万历间进士，官浙江布政使，父名与敕，清顺治元年拔贡，赠尚书。渔洋幼时跟着他祖父，住在杭州；七八岁间，回到新城读书。清兵入关，新城陷落，他曾避至长白山。后来天下平定，渔洋仕清，曾为扬州推官，又尝使蜀，使粤，所到的地方很多，各处都有记游的笔记，或记游的诗。二十四岁时，游济南，与同时诸名士，会于大明湖，赋《秋柳诗》，因结秋柳社；一时和诗的人很多，至今《秋柳诗》犹极有名。其实《秋柳诗》并不是他的顶好的作品，不过是一时浪传罢了。他的著作很多，随时刊行；临死时，自己汇萃诸集，详加去留，编成《带经堂集》九十二卷。他的性情，是喜欢交游，见人家有一佳句，必再三称道，不肯去口。尝编《感旧集》十六卷，都是他朋友所作的诗。又著《渔洋诗话》两卷，他朋友，或后辈所作的诗，凡是他以为好的，虽一二断句，亦必采入，极力称道，这正是他的性情敦厚处。他自己八岁能诗，十二岁时，他的祖父，方作草书，以"醉爱羲之迹"一句，叫诸孙属对，渔洋对道："狂吟白也诗。"十五岁时，已有诗集一卷，中载《落叶》诗云："已共寒江潮上下，况逢新燕影参差。"又云："年年摇落吴江思，忍向烟波问板桥！"照此看来，可知他天生是一位诗人了。

（四）

现在再论他的诗罢。他的诗就是"温柔敦厚，怨而不乱，深得《国风》《小雅》之遗"。简便说一句，就是"《诗经》的嫡传"罢了。

他能得《诗经》的嫡传，一部分是他性情的关系，一部分也是时代的关系，再一小部分，也是地理的关系。

说到他的性情，他是个富于感情的人；感物成吟，有一往情深之概，却又不流于轻佻艳冶。如《秦邮杂诗》八首之一云：

> 前溪柳色碧沉沉，醉写新词付阿音。
> 法曲凄凉鬉丝改，画衣何处旧泥金！

《高邮雨泊》云：

> 寒雨秦邮夜泊船，南湖新涨水连天。
> 风流不见秦淮海，寂寞人间五百年！

《秦淮杂诗》二十首之二云：

傅寿清歌沙嫩箫，红牙紫玉夜相邀。

而今明月空如水，不见青溪长板桥！

十里清淮水蔚蓝，板桥斜日柳鬖鬖。

栖鸦流水空萧瑟，不见题诗纪阿男！

这样的诗，都足以表现他的性情温厚。

他喜欢交朋友，然没有千金结客的豪举；只于分合聚散之际，有所感触，而不能已于言，一唱三叹，却又无激越凄苦之音。他尝于一夜之间，做了怀人的绝句六十首，最为有名；此外如《夜雨题寒山寺寄西樵礼吉》云：

日暮东塘正落潮，孤篷泊处雨萧萧。

疏钟夜火寒山寺，记过吴枫第几桥？

枫叶萧条水驿空，离居千里怅难同。

十年旧约江南梦，独听寒山夜半钟！

《寄陈伯玑金陵》云：

东风作意吹杨柳，绿到垂杨第几桥？

欲折一枝寄相忆，隔江残笛雨萧萧！

《真州绝句》六首之一云：

晓上高楼最上层，去帆婀娜意难胜！
白沙亭下潮千尺，直送离心到秣陵！

《送陈子万之黎城丞》二首之一云：

美人为政太行西，到及人葭五叶齐。
颇忆故园风物否？白云红树满荆溪！

《送胡崀孩赴长江》云：

青草湖边秋水长，黄陵庙口暮烟苍。
布帆安稳西风里，一路看山到岳阳。

读这几首诗，可以知他对于家人朋友的感情了。

孔子云：乐而不淫，哀而不伤。像渔洋这样的诗，真可以当得而无愧。

（五）

说到他生存的时代，和他的诗，也有很大的关系。大概清初诗人，都是生于明末；对于国家兴亡之感，自然不能完全消灭，时时流露于文字之间。故清初的诗，比乾嘉以后要好。乾嘉以后，天下承平无事，诗人也无所感激，便不免言之无物，自然而然的，流入平庸一途。像王昶所选《湖海诗传》里的诗，最足以为代表。其中如沈德潜《吴山怀古》之一首云：

> 大观亭榭俯丹梯，千尺峰巅一杖藜。
> 孤岭界分城内外，曲江划破浙东西。
> 潮头如马当空立，山势犹龙入望低。
> 吴越兴亡总陈迹，伍胥英爽震群黎。

沈德潜号称大家，尚不过如此，其他更不必说了。这是时代使然，无可如何的事。本来是"物不得其平则鸣"，今既得其平，可以不鸣；可以不鸣而偏要鸣，那当然是敷衍成文，而没有真情流露于其间了。

然清初的诗固然好，而明末遗民，又往往过于激烈，未免怨诽而乱了，像卓尔堪所选的《明四百家遗民诗》，最足以为代表。其中如万寿祺的《入沛宫》云：

> 泗亭春尽树婆娑，汉帝宸游不再过。
> 魂魄有时还至沛，楼台落日半临河。
> 风吹大泽龙蛇近，天入平沙雁鹜多。
> 我亦远随黄绮去，东山重唱《采芝歌》。

　　怨诽而不免于乱，这也是有激而然。总之，明遗民诗，往往过于激烈；乾嘉以后的诗，又过于平庸。只有王渔洋，恰在这中间，既不是言之无物，又不是怨诽而乱。因为渔洋生于明末，然明亡时，年纪尚小，和其他的遗民不同；却又目睹兴亡，和生长在乾嘉以后的人又不同；况他又是个富于感情的人，能不有所谓"故宫禾黍"之感么？所以他的诗，也往往带一些感时伤事之意，却又低徊往复，而不忍直言。如《晓雨后登燕子矶绝顶》云：

> 岷涛万里望中收，振策危矶最上头。
> 吴楚青苍分极浦，江山平远入新秋。
> 永嘉南渡人皆尽，建业西风水自流。
> 洒泪重悲天堑险，浴凫飞燕满汀洲。

永嘉人尽，建业水流，无处不是含着亡国之感，不过不露痕迹罢了。读者试将他和沈德潜的《吴山怀古》、万寿祺的《入沛宫》相比，便可以知道他的诗和时代的关系了。

就是他著名的《秦淮杂诗》，也是凭吊故国之作。如云：

旧院风流数顿杨，梨园往事泪沾裳。

樽前白发谈天宝，零落人间脱十娘！

如云：

新月高高夜漏分，枣花帘子水沉薰。

石头巷口诸年少，解唱当年《白练裙》！

前一首大有"正是江南好风景，落花时节又逢君"之意，第二首大有"白头宫女在，闲坐说玄宗"之意。至如：

当年赐第有辉光，开国中山异姓王。

莫问万春园旧事，朱门草没大功坊！

之吊徐中山。又如：

新歌细字写冰纨，小部君王带笑看。

千载秦淮呜咽水，不应仍恨孔都官！

之刺阮大铖，更为明白显著了。

（六）

再说到地理的关系，就是因为他是个山东人。山东在黄河流域，所以他的诗，是《国风》《小雅》之遗，而没有染长江流域文学的彩色。

就黄河流域说，也各地不同。山东为黄河流域中最富庶之区，而且山水很好，大明湖，趵突泉，风光清秀，水木明瑟，大有江南风景，黄山谷说得好："济南潇洒似江南。"渔洋生长于此，所得的山水之助，一定不少。

又况山东是孔子的故乡。孔子当年，讲学于此，应用诗教，以养成人民温柔敦厚之风，鲁国人所受的感化，当比他国人要更深一些。这种温柔敦厚之风，是一直遗传下来的，不遇着诗人，不易表现出来，都含蓄在内面，一遇着王渔洋这样的诗人，便一齐表现在诗歌中了。

照此看来，王渔洋的诗，和地理的关系，岂不是也很深么？

（七）

总观以上各说，可见王渔洋能得《诗经》之传，乃有种种的关系，并非是偶然的事。而且他的诗，在实质上，纯然是温柔敦厚的感情，并没有他种实质（如第二节所说的各种实质）糅入其间。所以可称为《诗经》之嫡传。

与王渔洋同时的人评论王渔洋的诗，虽不曾说明他的诗是《诗经》的嫡传，然他的真价值，也已看出了。如张九徵云：

> 笔墨之外，自具性情。登览之余，别深寄托。（见《渔洋诗话》）

按：笔墨外之性情，就是含蓄，也就是温柔敦厚。他人的感情，尽情发表出来；渔洋的感情，却含而不吐。这就是渔洋诗的好处。再看"别深寄托"一句，也就可知渔洋的诗，是得着《诗经》比兴之旨了。

又如刘体仁云：

> 读同时他人作，虽心知其十倍于我；倘假以学问，似若可追。至阮亭，即使我更读书三十年，自觉去之愈远。正如仙人啸树，其异在神骨之间；又如天女微妙，偶然动步，皆

中奇舞之节。当使千古后谓我为知言。

按：他人诗可以学而能；渔洋之诗，不可以学而能。这就是学问可以读书得来，性情不可以读书得来。而温柔敦厚的性情，尤不可以读书得来。仙人之啸、天女之舞二句，尤能道出渔洋诗的好处。

又如吴陈琰为《渔洋蚕尾续集序》云：

司空表圣论诗云：梅止于酸，盐止于咸；饮食不可无酸咸，而其美常在酸咸之外。余尝深旨其言。酸咸之外者何？味外味也。味外味者何？神韵也。诗得古人之神韵，即昌谷所云：骨重神寒。诗品之贵，莫逾于此矣。

按：这话虽然不错，然不能算深知渔洋。因为他只说渔洋的诗是神韵好，尚未能充分说出渔洋诗的好处来。而后人误会了，以为神韵就是才力薄弱的表示，才是冤枉！然大意仍是不错的，仍可以和我的话互相发明。

总之：拿一切的话来说明渔洋诗的好处，不如说他的诗是《诗经》的嫡传。

（八）

和渔洋同时的名家真不少：如江左三大家（钱牧斋、吴梅村、龚芝麓），如岭南三大家（陈元孝、屈翁山、梁药亭），如南施北宋（施愚山、宋荔裳），这许多人，不能遍举。或以才力胜，或以典丽胜，比他雄厚宏博的很多，然不能称正宗。就是他人的诗，不能算《诗经》的嫡传；王渔洋的诗，能算《诗经》的嫡传。人家称他才力弱，是不相干的。诗是发抒感情的，并不要讲才力；倘然要大才博学的人才能作诗，那么《诗经》上的《国风》，为什么多是闾巷歌谣呢？

从这一点看来，所以我承认王渔洋的诗，是《诗经》的嫡传，可以当得正宗而无愧。

除了王渔洋之外，同时的诗家，据我个人的眼光看来，便是要算海宁查初白（名慎行）、宣城施愚山（名闰章）了。